LES SECRETS DU
MARKETING VIRAL

Seth Godin

LES SECRETS DU MARKETING VIRAL

Le pouvoir du bouche à oreille puissance 10 !

MAXIMA
LAURENT du MESNIL • ÉDITEUR

Seth Godin a fondé Yoyodyne, la première entreprise spécialisée dans les campagnes de promotion et le marketing direct en ligne. Il a ensuite vendu cette entreprise à Yahoo! dont il est devenu Vice-Président en charge du Marketing Direct. Il dirige aujourd'hui une nouvelle entreprise : Do You Zoom, Inc.
Diplômé en informatique et en philosophie, Seth Godin détient également un MBA Marketing de Stanford.
Vous pouvez le joindre à l'adresse suivante : Seth@maxima.fr

Du même auteur
Permission Marketing, les leçons d'Internet en marketing,
Maxima, 2000.

Infos/nouveautés/catalogue : **www.maxima.fr**

MAXIMA
LAURENT du MESNIL • ÉDITEUR

192, bd Saint-Germain, 75007 Paris
tél. : + 33 1 44 39 74 00 – fax : + 33 1 45 48 46 88

ISBN : 2 84 001 284 7
Titre original : *Unleashing the Ideavirus*. Traduit de l'anglais (États-Unis) par Larry Cohen.

PROPAGEZ LE VIRUS !

Pour faire circuler le message de ce livre, vous pouvez :

- conseiller à un ami d'aller sur www.maxima.fr pour qu'il télécharge le manifeste gratuit ;
- offrir ce livre à un ami ;
- vous en procurer une copie pour votre PDA sur www.mobipocket.com

Voici la première question que me posent les gens qui ont lu mon précédent ouvrage, *Permission Marketing :*

« C'est très bien, mais comment attirer au départ l'attention pour pouvoir demander la permission ? »

Le texte que vous avez entre les mains répond à cette question.

À Alan Webber et Jerry Colonna, bien sûr.

Table des matières

Préface 11

Introduction 13

Chapitre un : l'importance des idées 15

La ferme, l'usine et les marchands d'idées 15
Pourquoi les idées virus ont-elles tant d'importance ? 25
Cinq traits communs à toutes les idées virus 25
Sept avantages possibles des idées virus 26
Le triste déclin de l'Interruption Marketing 27
Le gagnant remporte toute la mise 28
L'impératif du trafic : pourquoi tant de sites Web échouent 31
Aujourd'hui, on produit des idées 33
Les individus sont plus connectés que jamais 34
Comprendre la nouveauté et rester à la pointe 36
Les consommateurs de la première heure multipliés 38
Une idée virus va au-delà de l'article ou du livre qui la présente 39
La fin du jeu à somme nulle 40

Chapitre deux : le lancement d'une idée virus 43

Augmenter ses chances de prendre et de se propager 43
Au cœur de l'idée virus : le contaminateur 43
Il y a contaminateurs et contaminateurs… 45

L'art de la contamination erratique 50
Davantage que le bouche à oreille 55
Les idées virus raffolent du vide 56
Une idée virus suit un cycle de vie 58
Toutes les idées virus ne relèvent pas du marketing viral .. 60
Elaboration et diffusion d'une idée virus : les préliminaires 61
Les trois leviers déterminants 64
Treize réponses pour les auteurs d'idées virus 68
Cinq moyens de déclencher une idée virus 69

Chapitre trois : L'idée virus : la formule 85

Le bouche à oreille électroniquement amplifié 85
Modifier la formule pour la faire fonctionner 85
Variations avancées sur les huit variables de la formule 92
Les contaminateurs 92
La ruche 94
La vélocité 99
Le vecteur 100
Le véhicule 102
La facilité 104
La persistance 106
L'amplificateur 107

Chapitre 4 : Etudes de cas-variations sur un thème 109

Vindigo 109
Sauver le monde à l'aide d'une idée virus 111
Ce livre est-il une idée virus ? 113
Passer du privé au public 114

Vous travaillez dans la mode ! 116
Le paradoxe de l'argent 120
Pensez comme si vous dirigiez une maison de disques 122
C'est votre dernier mot ? 124
Douze idées virus qui méritent réflexion 126
Pourquoi j'adore les listes de best-sellers........................... 127
Une parodie de *Star Wars* mieux vendue que l'original...... 130
Wassup ? 131
Juger un livre par sa couverture 133
Etre le « plus » 134
Apologie de la domination planétaire................................. 135
Aller au ciné gratis 138
Comment une idée virus peut diriger la Bourse 140
Le marketing par autocollants... 143
Qui sera le premier à se jeter à l'eau ? 144
Libération des supports numériques !................................ 146
L'oreille coupée de Van Gogh pour prouver une idée 149
Mais comment allons-nous gagner de l'argent ? 151
Le défi : franchir le gouffre.. 152
Le mythe du point de basculement.................................... 156
L'effet multiplicateur... 158
Le pire cauchemar de Bill Gates....................................... 160
Non, mais quelle sveltesse ! 164
La croissance foudroyante : mirage de notre époque.......... 165
Au cœur du marketing viral 168
Le grand paradoxe de la publicité...................................... 171
La permission, l'ingrédient qui manque 174
Le virus et la permission pour recruter des extraterrestres.. 175

L'art de créer une idée virus 177
Plus maléfique même que le diable ? 177
Pourquoi Digimarc va échouer 178
Qu'est-ce qui fait rire ces vaches ? 181
Ne buvez jamais en solitaire 182
La force de la parodie 184
Piqûres d'abeilles et rougeole 186
De simples évidences ? 187
Le pire ennemi de votre entreprise 188
Tactique de l'idée virus, pas à pas 191
L'avenir de l'idée virus 193

Remerciements 195

Préface

La notion qu'une idée puisse devenir contagieuse, à l'image d'un virus, semble à la fois plausible et en contradiction flagrante avec le bon sens. Plausible parce que chacun a pu constater ce phénomène : telle chanson s'installe de façon obsédante dans votre oreille, on se précipite à la librairie pour acheter tel livre, on se laisse convaincre par telle idée, sans trop savoir pourquoi. Mais cette notion n'en contredit pas moins le bon sens, car elle ne correspond pas aux conceptions traditionnelles en matière de marketing. Pendant la plus grande partie du XXe siècle, les publicitaires ont essayé de mesurer, de maîtriser et de manipuler la circulation de l'information, de compter le nombre d'yeux et d'oreilles qu'un seul message peut atteindre. Et soudain, l'on découvre que les idées qui connaissent le plus grand rayonnement sont celles qui se diffusent et qui se renforcent grâce aux relations établies entre les clients plutôt que grâce à celle que le vendeur noue avec eux.

Pendant des années, cette contradiction au cœur du marketing est restée inexpliquée. Ce temps est aujourd'hui révolu. Seth Godin part de l'intuition courante quant à la force contagieuse de l'information – qu'il appelle avec à-propos l'idée virus – et l'applique à l'art de la communication. Son livre offre des conseils pratiques et extrêmement efficaces.

Mais ce n'est pas tout. Seth Godin signe ainsi un ouvrage profondément subversif. Il nous affirme que ce n'est pas le spécialiste du marketing qui se situe – ni qui doit se situer – au centre du processus commercial, mais le client lui-même. Etes-vous prêt à admettre cette idée ?

Malcolm Gladwell
auteur de *The Tipping Point*
www.gladwell.com

Introduction

Le livre que vous avez entre les mains présente les arguments suivants :

• Déverser des messages non sollicités sur des cibles de masse, puis espérer qu'une poignée d'entre leurs destinataires enverront de l'argent n'a plus de sens. Le marketing fondé sur l'interruption d'autrui a cessé d'être rentable..

• L'avenir appartient au contraire à ceux qui jettent les bases d'un fonctionnement dans lequel les personnes intéressées par un produit ou un service le vendront les unes aux autres. L'entreprise doit initier des réseaux de consommateurs, puis se retirer pour les laisser se parler.

Si vous cherchez des idées radicalement inédites, sachez que vous ne les trouverez pas dans cet ouvrage, ni d'ailleurs dans aucun autre consacré au même sujet. Guérilla marketing, marketing relationnel, Permission Marketing : ces idées ne sont pas réellement nouvelles. Elles présentent toutefois l'avantage de stimuler et d'élargir la réflexion sur les moyens d'améliorer le marketing. Soyons francs : si l'on construisait des usines aussi mal que l'on conçoit des campagnes de publicité, l'économie serait en ruines. Ce livre vous aidera à mieux comprendre cette tradition vénérable du marketing qu'est le bouche à oreille, et à déclencher votre idée virus.

Questions auxquelles ce livre apporte des réponses

- Pourquoi est-il inepte de lancer une nouvelle entreprise ou un nouveau produit à coups d'onéreux spots télé ?

- Comment chaque entreprise, petite ou grande, peut-elle profiter du marketing viral pour réussir ?
- Quel est l'atout le plus important que l'entreprise puisse créer, et quel est le moyen le plus sûr de le détruire ?
- Pour assurer le succès d'une publicité, il faut au moins remplir l'une des deux conditions que nous verrons par la suite... et pourtant, la plupart des annonces ne remplissent ni l'une, ni l'autre. Quelle est la bonne stratégie ?
- Internet crée-t-il une dynamique qui bouleverse fondamentalement le marketing dans tous les domaines ?
- Les entreprises leaders de chaque secteur d'activités sont-elles plus menacées que jamais par les percées inattendues de nouveaux concurrents ?
- Les éditeurs devraient-ils sortir la version poche d'un livre avant son édition en grand format ?

Chapitre UN

L'importance des idées

La ferme, l'usine et les marchands d'idées

Imaginez-vous un instant à la réunion de votre promotion d'école de commerce. Tous les anciens sont là faisant de la surenchère en racontant des fables sur leur réussite professionnelle, effective ou imminente. Voilà Frank le sportif qui se vante du succès de sa start-up, ou Nathalie la banquière qui raconte son rôle primordial dans la reconstruction de l'Europe de l'Est. Enfin, tous les regards se tournent vers vous. Avec un petit sourire en coin, vous répondez :

« Eh bien pour moi, l'avenir – et là, je parle de gros sous – se trouve dans l'agriculture. Je compte m'acheter une petite exploitation, pas plus d'une quarantaine d'hectares. J'aurai un tracteur, bien sûr, et je calcule que, au bout de quelques années, mon mari [ou ma femme] et moi pourrons revendre l'exploitation et nous offrir une petite villa dans le Midi. »

Ridicule, n'est-ce pas? Car, si s'installer à la ferme peut apporter des agréments considérables sur le plan de la qualité de la vie, ce n'est plus la clé de l'enrichissement depuis, disons, deux cents ans.

Et l'industrie ? Qui sait, peut-être le moyen de faire fortune aujourd'hui consiste-t-il à acquérir plusieurs presses à emboutir et à vous mettre à usiner des objets en acier. Il ne vous resterait plus qu'à recruter une petite équipe d'ouvriers hautement qualifiés pour vous hisser au rang de capitaine d'industrie.

Mais, la plupart d'entre vous conviendra avec moi que cette voie du succès est bel et bien fermée depuis une trentaine d'années. Dès lors qu'on doit affronter d'énormes coûts fixes et la concurrence d'autres fabricants ayant atteint un bon niveau de quantité et de qualité, la perspective de bénéfices mirobolants se réduit assez vite à un cruel mirage.

Pour être clair : il s'agissait, au XIXe siècle, de constituer l'exploitation agricole la plus vaste et la plus productive puis, au XXe, de se doter de l'usine la plus grande et la plus performante. Bienvenus au XXIe siècle, placé sous le signe des idées.

Hélas ! personne n'est en mesure de dire à quoi ressemblerait une ferme à idées, ni même une usine à idées. On reconnaît pourtant que ce sont les idées qui font avancer actuellement, l'économie, qui créent les fortunes d'aujourd'hui et sont en train de transformer le monde. Et si la meilleure manière d'organiser leur production demeure largement un mystère, une chose ne fait pas de doute : celui qui obtient l'adhésion enthousiaste des autres à ses idées gagne sur tous les tableaux : richesses, pouvoir et capacité à changer le monde qui l'entoure.

Comment faire ? Par où passer pour modifier le fonctionnement de votre secteur d'activités ou, avec un peu de chance, bouleverser la vie de vos contemporains ?

Si vous êtes agriculteur, vous ne désirez que le maintien des cours de votre culture. Si vous êtes fabricant de biens de consommation, vous voulez être référencé dans les grandes surfaces. Mais si vous êtes marchand d'idées ?

La solution magique se résume en peu de mots : *il faut déclencher une idée virus*.

Une idée immobile n'a aucune valeur, alors qu'une idée qui bouge, qui se propage, qui contamine tout ce qu'elle touche... fonctionne à la manière d'un virus.

Autrefois, le nombre de personnes pouvant consommer les céréales de votre exploitation ou les pièces fabriquées par votre usine restait limité. Les idées, quant à elles, présentent l'avantage non seulement de se reproduire bien et facilement, mais aussi d'acquérir de la puissance et de la valeur à mesure de leur diffusion.

Comment une idée virus se manifeste-t-elle ? Où vit-elle ? A quoi ressemble-t-elle ? J'aime à considérer que toutes les idées font partie d'une même catégorie et à les désigner donc comme des *manifestes*. Une idée-manifeste est une affirmation puissante et logique qui réunit une multiplicité d'idées existantes de façon à les fusionner en une idée nouvelle. Il peut s'agir d'un texte écrit, mais aussi d'une image, d'une chanson, d'un produit ou d'un procédé. Le véhicule n'a pas d'importance, le contenu si. Le fait de rassembler sous une même rubrique – celle des manifestes – des idées de toutes sortes et indépendamment du support adopté permet de les voir comme autant de déclinaisons d'une même entité. Tant que vous parvenez à vous servir de votre manifeste pour influencer l'esprit, la parole ou l'action de vos contemporains, vous créez de la valeur.

Définition : Véhicule

Une idée doit, pour pouvoir se déplacer, se matérialiser dans un véhicule : une image, une phrase, un texte long, un film ou même une formule mathématique ($e = mc^2$). Quand on cherche à propager une idée virus, le choix du véhicule détermine la régularité et la vitesse de son développement. Il ne faut pas confondre véhicule et manifeste : toute idée est un manifeste visant à convaincre. Le véhicule est le milieu dans lequel elle vit.

Vous êtes donc en train de lire non seulement un livre sur les idées et les idées virus, mais aussi un manifeste qui cherche à se transformer en idée virus ! Si mon manifeste vous fait changer d'avis sur le marketing et les idées, vous aurez peut-être envie d'en parler à un ami. Ou à deux. Ou à tout le personnel de votre entreprise. Dans ce cas, l'idée sera devenue une idée virus qui se diffuse et qui prend de la valeur.

Nous vivons une époque où le consommateur résiste de toutes ses forces au marketing. D'où l'impérieuse nécessité d'arrêter de lui *infliger* des messages. Créer un environnement où les consommateurs feront l'article les uns aux autres : voilà l'astuce.

L'idée virus est-elle un avatar du marketing ? Bien sûr, d'autant que, de nos jours, il ne reste plus que le marketing. Toutes les améliorations du monde en matière de livraison, de fabrication ou de recouvrement des créances ne vous assureront pas le succès. C'est par votre supériorité commerciale que vous l'emporterez, car le marketing est affaire de diffusion des idées, qui sont le seul outil de concurrence encore disponible. L'avenir appartiendra à ceux qui déclenchent des idées virus.

Qu'est-ce qu'une idée virus ? C'est une grande idée qui se déchaîne parmi le public cible, une idée à la mode qui se diffuse dans un segment de la population, qui informe et transforme, qui influence tous ceux qu'elle touche. Dans un monde qui change à vue d'œil, ce sont l'art et la science du développement, du lancement et de l'exploitation des idées virus qui ouvrent la voie à l'Eldorado.

Connaissez-vous le service Hotmail ? L'avez-vous déjà utilisé ? Si c'est le cas, ce n'est sûrement pas parce que ses promoteurs ont bombardé les téléspectateurs d'annonces (ils ne l'ont pas fait, du reste). C'est parce le manifeste du courrier électronique gratuit est parvenu jusqu'à vous, se transformant en idée virus, qu'une personne bénéficiant de votre confiance vous a transmise. Et le Polaroïd ? L'avez-vous découvert dans un spot à la télé, ou chez un ami qui vous a fait la merveilleuse démonstration du développement instantané d'une photo ?

On a parfois l'impression de lire le même livre, de suivre la même émission, de discuter du même film ou du même site Web que tout le monde. Pourquoi ? Dans la plupart des cas parce que l'idée s'est diffusée toute seule, par le biais d'un virus fortuit, et non parce que l'entreprise ayant lancé le produit a consacré des sommes d'argent colossales ou un temps insensé à en vanter les mérites. La manière dont l'idée se propage et les moyens d'accélérer sa propagation, telle est l'essence du marketing viral.

Le bouche à oreille n'est évidemment pas une nouveauté ; il a tout simplement évolué. Les idées virus – commérages, points de vue, opinions politiques qui se répandent comme une traînée de poudre – existent depuis toujours. C'est ainsi que, sans mettre des annonces dans la presse ou s'acheter de l'espace d'affichage public, Galilée put semer la zizanie intellectuelle à Pise.

Qu'y a-t-il donc de nouveau aujourd'hui ?

1. les idées virus ont acquis une importance et une puissance auparavant inconnues ;
2. elles sont plus faciles à lancer et plus efficaces que jamais ;
3. elles se diffusent rapidement, et ce à une époque où c'est surtout la rapidité qui fait et défait les fortunes, ne laissant plus le temps aux marques et aux produits de se développer comme autrefois ;

4. elles permettent des rendements croissants, puisque contrairement au bouche à oreille, qui finit toujours par retomber, elles ne cessent de s'amplifier;
5. elles sont la monnaie d'échange de demain; elles ne représentent pas un phénomène inédit, mais elles concernent forcément ce qui est nouveau, obsession des temps modernes.

« Seul son coiffeur connaît la vérité. » Ce vieux slogan de l'après-shampooing Clairol offre un exemple classique de construction d'une image de marque. D'ailleurs, il contredisait la logique du bouche à oreille, puisqu'il s'agissait d'un produit relevant prétendument d'un secret entre la femme, son coiffeur... et le fabricant.

Quelques années plus tard, Herbal Essence optera pour un angle d'attaque totalement différent en incitant le consommateur à passer le message à ses amis. L'ennui, c'est que, si le bouche à oreille montre une grande efficacité auprès des utilisateurs d'un produit et de leur entourage immédiat (quand j'adore un magasin ou déteste un service, j'en informe quelques connaissances), il se tarit vite. Il est presque exclu que le copain d'un copain d'un copain vous raconte sa mauvaise expérience avec British Airways ou son voyage inoubliable à bord d'un avion d'Air France. Au bout de quelques échanges, le bouche à oreille s'éteint.

Mais aujourd'hui, à l'ère d'Internet et du marché incroyablement encombré, les idées virus se propagent à la vitesse grand V. Notre époque a l'obsession des idées, car elles ont détrôné les produits comme moteur de l'économie.

Enfant, je portais des baskets de la marque Converse, de même que bon nombre de mes lecteurs, sans doute. Les actionnaires de cette entreprise ne profitèrent toutefois jamais de l'*idée* de cette chaussure, mais uniquement de la qualité de sa fabrication. A l'époque, le consommateur qui avait le choix entre deux marques de baskets prenait généralement la moins chère.

Il fallut donc l'équivalent de plusieurs générations à Converse pour imposer sa marque et de longues années pour amortir ses installations.

Mais les dirigeants se contentaient de réaliser un bénéfice modeste sur chaque paire de chaussures vendue, car ils savaient que leur usine serait toujours là demain et après-demain. Ainsi, le prix des baskets, comme de tout autre produit, dépendait des coûts de production, et leur vente était assurée, une paire à la fois, par des détaillants sérieux qui se souciaient avant tout du confort de leurs clients.

Converse pouvait tranquillement prendre son temps, puisque c'était le long terme qui comptait. Or, cette époque est révolue. Vingt ans plus tard, c'est l'idée des baskets Air Jordan, et pas les chaussures en elles-mêmes, qui permet à Nike de les proposer à plus de 100 Euros. C'est le prestige qui vend, c'est l'idée qui rapporte des bénéfices fabuleux. Et comme les stratèges de Nike savent bien que cette idée ne durera pas, ils doivent se hâter de trouver une nouvelle idée virus.

Naguère, on méprisait ces phénomènes de mode, alors que tout aujourd'hui – goûts en musique, élections présidentielles, soins dentaires – en fait partie. La réussite appartiendra aux entreprises qui intègrent cette donnée fondamentale.

La radio a mis quarante ans pour s'attacher 50 millions d'auditeurs. A ce stade, elle était devenue une véritable industrie tirant ses revenus de sa considérable audience. Il a fallu quinze ans pour que la télévision affiche un nombre équivalent de spectateurs. Netscape a réduit le délai requis à trois ans seulement, puis Hotmail et Napster ont atteint la marque des 50 millions d'utilisateurs en moins d'un an. Du fait qu'elles s'attirent un public de masse sans devoir le partager avec tout un secteur d'activités, ces deux sociétés parviennent à engranger des bénéfices spectaculaires, en apparence du jour au lendemain. Leur secret ? La diffusion d'idées virus.

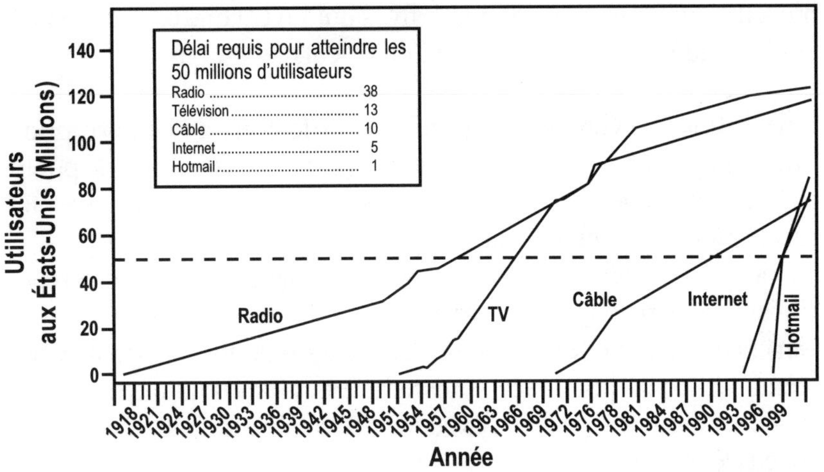

On peut désormais transmettre les idées sur les ondes. Qui plus est, vu la rapidité et le faible coût de ce moyen de transport, elles se propagent plus vite et moins cher que jamais. Qu'il s'agisse de l'image de marque de la nouvelle Coccinelle de Volkswagen (Combien de temps cette image a-t-elle mis pour s'implanter dans votre cerveau ?) ou des mots d'un nouveau roman de Stephen King (plus de 600 000 lecteurs enregistrés une semaine après sa parution sur Internet), le temps de circulation des idées se rapprochent de zéro.

Pourquoi s'y intéresser ? Qu'importe, pourrait-on demander, si les idées franchissent les frontières internationales, bouleversent le débat sur la politique, la justice ou la délinquance, nous poussent même à acheter des produits ? La réponse est que les idées sont la monnaie d'échange de demain et que le mécanisme de l'idée virus assure leur circulation. En outre, l'art de la création et de l'exploitation commerciale des idées virus est nouveau et puissant. Nul besoin d'attendre une naissance organique ou fortuite : on peut préparer l'accouchement dans les meilleures conditions et le déclencher au bon moment.

Certes, quelques idées virus ont un caractère organique. Elles surgissent et se répandent sans l'intervention consciente de leurs créateurs (comme le montre la popularité inopinée de la Macarena). Mais d'autres sont bien le fruit d'un effort stratégique de la part d'entrepreneurs ou d'hommes politiques futés qui savent que lancer et entretenir une idée virus les aidera à réaliser leurs ambitions.

Autrefois, on vendait des produits par le biais de l'Interruption Marketing. On faisait intrusion dans la vie des gens à coups de publicités non attendues, non personnalisées et sans pertinence en espérant susciter ainsi quelques achats. Parfois, cela marchait.

Une telle stratégie présente, bien sûr, l'avantage de permettre au spécialiste du marketing de régner en maître absolu. Mais elle a l'inconvénient d'être difficile et coûteuse. Chaque fois qu'un vendeur de vêtements par correspondance veut recruter un nouveau client, il doit supporter des coûts postaux, expédier des catalogues impeccablement conçus, et encore...

C'est pourquoi les entreprises rêvent actuellement d'échapper à la tyrannie du coût de ces milliers d'interruptions. Il leur faut un détonateur, un moyen de se brancher sur ces courants invisibles qui passent entre les consommateurs, et elles doivent aider ces courants à circuler plus vite, plus efficacement et de façon plus rentable. Plutôt que de parler aux consommateurs, il vaut mieux les aider à parler entre eux.

Il n'y a rien de plus risqué que de lancer un spot superbement réalisé qui sera diffusé à l'occasion de tel ou tel grand événement sportif. De même, construire un site Web tape-à-l'œil, revient le plus souvent à courir au désastre. On accroît certes ses chances en payant quelques célébrités pour chanter les louanges du produit à vendre, mais même cette astuce permet rarement de se démarquer sur un marché affreusement encombré. Dès lors que le publicitaire fonde son activité sur l'idée de s'adresser directement au client, il devient immanquablement victime de la dictature des chiffres qu'impose l'Interruption Marketing.

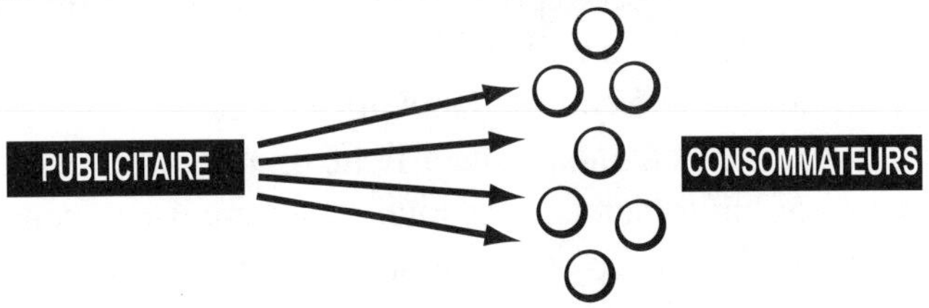

Dans l'Interruption Marketing traditionnel, on s'adresse directement au plus grand nombre de consommateurs possible, sans autre intermédiaire que l'agence publicitaire. Or, ces consommateurs cherchent plutôt à fuir la publicité. La tâche du spécialiste du marketing consiste donc à investir dans des annonces d'intrusion puis d'en bombarder ceux qui d'emblée n'en veulent pas!

Fort heureusement, il existe d'ores et déjà des techniques éprouvées qui permettent de repérer, de lancer et d'exploiter des idées susceptibles de fonctionner comme des virus. Pour les créer, il convient de respecter un certain nombre de principes et, surtout, ce n'est qu'en les cultivant et en les entretenant qu'on les dotera de la puissance nécessaire.

Dimension clé du lancement : la concentration du message. Il ne suffit pas que 1 %, ou même 15 %, d'une population donnée s'enthousiasme pour une idée. On ne l'emporte que si l'on éblouit la totalité du groupe ciblé. Ce n'est pas un hasard si les meilleurs marchands d'idées ont en commun l'obsession de privilégier un seul segment géographique, démographique ou psychologique.

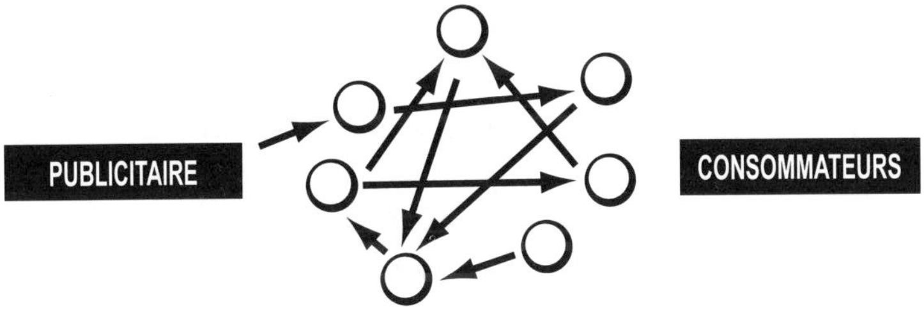

Le publicitaire soucieux de créer une idée virus crée un environnement propice à la multiplication et à la diffusion de son idée. C'est dans ce cas le virus, pas le spécialiste du marketing, qui agit.

Pourquoi les nouvelles entreprises qui s'introduisent sur Internet ont-elles à ce point la manie du trafic et du nombre de visiteurs ? Comment expliquer qu'une société comme GeoCities ait été rachetée pour plus de 2 milliards d'Euros alors qu'elle affiche un résultat proche de zéro et ne possède qu'un logiciel certes intéressant, mais en aucune façon extraordinaire ? C'est parce qu'elle a pris le chemin viral, qu'elle a pu infecter les masses et donc devenir l'objet de toutes les convoitises.

Infecter de vastes couches de la population, c'est le prélude à l'élaboration d'un modèle d'entreprise viable. Aussi ceux qui veulent développer une idée virus sur Internet doivent-ils passer par les étapes suivantes :

1. Créer une expérience en ligne qui a pour elle d'être soit totalement inédite, soit capable d'améliorer sensiblement la vie de l'utilisateur. Autre variante : offrir une version tellement meilleure (plus rapide, moins chère) d'une expérience hors Internet que cela vaudrait la peine d'y adhérer.
2. Donner un caractère viral à cette expérience en ligne pour attirer un pan important du groupe ciblé sans devoir consacrer des sommes astronomiques à la publicité.
3. Remplir le vide existant sur le marché grâce à votre version de l'idée. Vos concurrents auront dès lors le plus grand mal à « guérir » le consommateur de votre virus et à l'infecter du leur.
4. Vous assurer une clientèle captive en augmentant régulièrement le coût des résiliations que devraient supporter vos clients s'ils voulaient changer de fournisseur.
5. Obtenir de vos utilisateurs la permission de maintenir avec eux un dialogue suivi. C'est ainsi que vous créerez, à partir de l'attention captée au départ, une expérience bénéfique pour eux et une source durable de revenus pour vous.
6. Continuer à offrir des expériences mémorables en ligne comme moyen de propager encore le virus, en commençant par le noyau dur de votre public de mordus.

Pourquoi les idées virus ont-elles tant d'importance ?

1. Nous vivons dans un monde où le gagnant remporte toute la mise… ou presque (cf. la loi de Zipf p. 28).
2. On se concentrait autrefois sur la production de nourriture, ensuite sur la fabrication d'objets. Aujourd'hui, on produit des idées.
3. Les individus sont plus connectés que jamais. Non seulement on a présent à l'esprit que nos amis ont des amis, mais on peut les joindre plus vite et plus souvent que par le passé.
4. On constate aujourd'hui une puissante volonté de comprendre la nouveauté et de rester à la pointe.
5. Les consommateurs de la première heure (ces fanatiques qui tiennent absolument à être au courant des dernières innovations branchées dans leur domaine) existent certes depuis toujours, mais ce qui a changé, c'est qu'ils se sont drôlement multipliés. Si vous lisez cette page, c'est que vous en faites partie !
6. Les bénéfices qu'empocheront ceux qui créent et possèdent une idée virus sont énormes.

Cinq traits communs à toutes les idées virus

1. Les idées virus les plus abouties peuvent paraître fortuites, mais il est en fait possible de multiplier les chances de voir triompher son idée.
2. Les idées virus raffolent du vide. (Il s'agit là d'une notion capitale que vous saisirez mieux en lisant la suite.)
3. Dès lors qu'une idée virus se propage, elle suit un cycle de vie. Que l'on s'en désintéresse et le virus s'éteindra à coup sûr. Que l'on nourrisse bien l'idée et on prolonge sa durée de vie de manière à en profiter pendant longtemps.

4. Une idée virus va au-delà de l'article ou du livre qui la présente. Tout désormais – percées technologiques, nouveautés en matière de création de produits – dépend d'un ensemencement judicieux de la part de ses créateurs pour réussir.
5. Le marketing viral est une déclinaison particulière de l'idée virus : le porteur du virus se confond alors avec le produit lui-même.

Sept avantages possibles des idées virus

1. Chaque habitant du quartier ou de la ville aura parlé à dix amis de votre fabuleux magasin de crèmes glacées, si bien qu'une longue file d'attente débordera sur le trottoir (le bouche à oreille s'emballe grâce à l'emprise totale du virus).
2. Votre système d'entreposage de masse prend la ville d'assaut.
3. Le lendemain de la parution d'un article dans lequel un influent rédacteur sportif salue les prouesses de votre fille sur le terrain de jeu, les recruteurs professionnels se bousculent devant votre porte.
4. Lorsque Steve Jobs met officiellement en chantier l'iMac, il dote son produit d'une publicité qu'aucune campagne d'annonces ne pourrait égaler et, ce faisant, sauve de la faillite votre constructeur d'ordinateurs préféré.
5. Le rapport que vous avez remis à votre patron sur un projet d'investissement à Cuba fait le tour de toute l'entreprise, où vous passez soudain pour un héros et un génie.
6. Quand la maquette du disque que vous avez enregistrée finit dans le hit-parade d'un grand site musical, Sony vous téléphone pour vous proposer un contrat.
7. Votre plan pour la vente sur Internet d'un produit à la fois utile et incarnant le marketing viral vous attire un million d'utilisateurs en l'espace d'un mois et vous enrichit en même temps.

Le triste déclin de l'Interruption Marketing

Lorsque j'ai commencé, il y a quatre ans, à écrire sur le Permission Marketing, on me taxait d'hérétique en avançant des objections du genre :

« Comment ça, l'efficacité des spots à la télé est vouée à baisser ! »

« Comment osez-vous remettre en cause les bandeaux publicitaires ? Bien sûr qu'ils marchent ! »

« Mais le publipostage n'a jamais été aussi fructueux ! »

Or, l'Histoire a amplement confirmé mes cris d'alarme sur l'avenir de l'Interruption Marketing. Les chaînes de télévision se sont lancées dans un mouvement de diversification qui les éloigne à toute vitesse de leur activité traditionnelle. Sur Internet, les taux de clic sur les bandeaux (suivi de téléchargement complet) accusent une baisse de plus de 85 %. Des publicités semblent aujourd'hui pousser sur le sol des supermarchés, sur les parois des ascenseurs, voire au-dessus des urinoirs. Quel que soit l'endroit ou le domaine en question, on peut dresser le même constat : la publicité non attendue, non personnelle et sans pertinence se révèle de plus en plus coûteuse et de moins en moins efficace.

L'Interruption Marketing est entré dans une crise qui ne fera que s'aggraver. Dans mon livre *Permission Marketing*, il m'a fallu plus de trente pages pour présenter mes arguments contre cette forme de gaspillage (qui, aux Etats-Unis, absorbe 220 milliards d'Euros par an), et je resterai donc bref ici. Si vous souhaitez lire toute la diatribe, vous pouvez vous procurer le livre en librairie ou en parcourir le contenu sur www.maxima.fr.

A moins de trouver un moyen plus rentable de faire circuler votre message, votre entreprise est condamnée. Vous ne pouvez plus survivre en interrompant des inconnus à coups de messages qu'ils ne veulent pas recevoir au sujet d'un produit dont ils n'ont jamais entendu parler et en employant des méthodes qui les agacent. Le consommateur d'aujourd'hui a trop peu de temps et trop de pouvoir pour supporter plus longtemps cette agression.

Nous vivons dans un monde où le gagnant remporte toute la mise… ou presque

Vite ! Citez un tableau exposé dans un grand musée d'art.

La Joconde, avez-vous dit ?

Pendant que je déambule au Louvre, que l'on classerait sans beaucoup hésiter parmi les dix musées les plus spectaculaires du monde, je passe d'une salle vide à l'autre. Puis, soudain, je parviens à un recoin bondé de visiteurs. Pourquoi ? Qu'est-ce qui incite ces personnes à distribuer allègrement des coups de coude et à se marcher sur les pieds pour simplement apercevoir un tableau à peine visible derrière son épaisse vitre pare-balles ?

Si *la Joconde* est le tableau le plus célèbre du monde, c'est pour une raison très simple : il fallait qu'un tableau obtienne cette distinction. Autant que ce soit *la Joconde*.

L'individu occupé n'a pas le temps de regarder tous les tableaux de la Terre ; seule une poignée d'entre eux trouve de la place dans les cerveaux modernes, de plus en plus encombrés et passablement intoxiqués par la publicité. D'ailleurs, disons-le sans ménagement : la plupart des visiteurs de musées ne tiennent à voir que les tableaux du « hit-parade ». Or, tout comme on ne peut avoir qu'une « actrice préférée » (Julia Roberts) ou un portail qui incarne à lui seul tout Internet (Yahoo!), il n'y a de la place que pour un seul tableau « le plus célèbre du monde ». Le choix le plus sûr, c'est *la Joconde*.

Ce phénomène a un nom : la loi de Zipf, formulée par George Kingsely Zipf (1902-1950). Ce philologue et professeur à Harvard découvrit que le mot le plus fréquent en anglais – *the* – est 10 fois plus utilisé que le dixième mot par ordre de fréquence, 100 fois plus utilisé que le centième mot et 1 000 fois plus utilisé que le millième mot.

On a constaté depuis que cette loi vaut tout autant pour les parts de marché des logiciels, les boissons gazeuses, les voitures, les confiseries et les visites de pages Internet. Le graphique qui suit montre le nombre de visites enregistrées pour les différentes pages d'un site Web assez typique (Sun Microsystems) :

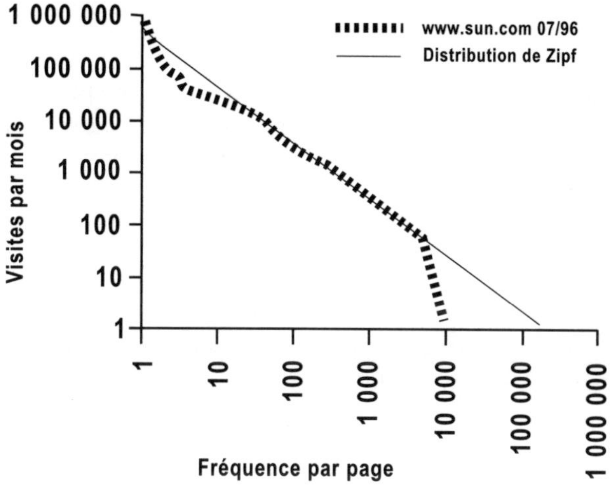

On le voit : dans tous les domaines ou presque, il vaut infiniment mieux caracoler en tête que de se trouver en dixième ou même en troisième place. Nulle trace d'égalitarisme dans la distribution des rémunérations, surtout dans le monde en réseau d'aujourd'hui.

Sur Internet, l'enjeu est encore plus considérable. Priceline, eBay et Amazon.com totalisent une capitalisation boursière équivalente à près de 95 % de celle de l'ensemble des autres titres relevant du commerce électronique grand public. De toute évidence, l'intérêt que l'on a à gagner n'est pas mince.

Une idée virus vous permet d'assurer un succès de ce type à votre concept, à votre produit, à votre entreprise. Car il est tout aussi important pour l'individu ou la petite société d'être leader que pour une valeur de la Net Économie ou un tableau de maître.

En électronique, il existe des filtres qui laissent passer certaines fréquences et en bloquent d'autres. Il en va de même pour les idées virus. L'effort et la performance honorable du deuxième et du troisième ne comptent plus : on passe ou on ne passe pas. Soit une idée se propage à une vélocité et avec une facilité telles qu'elle se transforme en véritable épidémie, soit elle s'éteint. Le propagateur averti sait qu'il est temps de renoncer dès lors que le filtre empêche la diffusion de son virus.

Définition : Vélocité

La vélocité mesure le rythme auquel une idée passe d'un acteur à l'autre. Si une idée touche dix personnes avant de me parvenir, c'est que l'effet multiplicateur est considérable. Une progression rapide assure l'infection d'un grand nombre d'individus avant que l'idée puisse retomber.

Eric Raymond était un programmeur peu connu à l'époque où parut son article *The Cathedral and the Bazaar* (« La cathédrale et le bazar »). Dans ce manifeste – c'est-à-dire un texte conçu pour devenir une idée virus –, il vante les mérites des systèmes de programmation ouverts (qui permettent des innovations comme Linux). Mais plutôt que de passer par une revue ou une maison d'édition, il misa sur Internet, et y diffusa son texte gratuitement.

Définition : Facilité

Est-il facile pour l'utilisateur final de propager cette idée virus précise ? Peut-il se contenter de cliquer sur un seul bouton ou de taper une phrase magique, ou doit-il se livrer à des contorsions et risquer de se déconsidérer pour en parler autour de lui ?

Communiquer au sujet de son coiffeur, par exemple, ne pose guère de problèmes. Quand un ami s'extasie devant votre nouvelle coupe de cheveux, vous répondez : « C'était Sandrine au salon Coupe-Coupe. » En revanche, il est assez délicat de révéler le nom de votre spécialiste en réflexologie. Vous hésitez quant au moment opportun d'aborder le sujet et aux mots pour le dire.

Les virus les plus faciles, comme Hotmail, se répandent tout seuls. Le simple fait d'utiliser le produit contribue à sa diffusion. Il existe donc un lien évident entre facilité de propagation et caractère accrocheur : le produit que l'on conseille volontiers est souvent capable d'entraîner une forte accoutumance…

En l'espace de quelques mois, des dizaines de milliers de personnes avaient lu l'article. Eric Raymond ne tarda pas à le regrouper avec plusieurs autres de ses textes dans un livre qui allait s'imposer « instantanément » comme best-seller. Bien entendu, ce succès n'avait rien d'instantané, puisque l'auteur en avait jeté les bases bien avant en déclenchant une idée virus.

Impact de ce virus sur la situation financière d'Eric Raymond ? Il se voit de plus en plus sollicité en tant que programmeur (au point de pouvoir refuser du travail), consultant et même conférencier. Il semblerait d'ailleurs qu'il vient de raconter dans un nouvel article ce que c'est que de faire fortune dans le cadre d'une introduction en Bourse !

L'impératif du trafic : pourquoi tant de sites Web échouent

Selon le cabinet Forrester Research, seuls 20 % des cinquante premiers cyber-détaillants s'attendent à obtenir un résultat positif en 2000. Pour l'année suivante, ce chiffre ne s'élève qu'à 38 %. Il faut se rendre à l'évidence : nombre de ces sites ne seront jamais rentables. Leurs animateurs espèrent tout simplement tenir suffisamment longtemps pour pouvoir se faire racheter ou revendre leurs parts.

Une étude récente de McKinsey révèle que l'immense majorité des entreprises vendant sur Internet non seulement n'atteint pas le seuil de rentabilité, mais perd de l'argent sur chaque transaction. Laissant même de côté le coût de la publicité et des clics, ces sites ont tellement réduit leurs prix que la marge unitaire sur coûts variables est négative. C'est ainsi que la pharmacie moyenne vendant en ligne perd près de 15,50 Euros par vente, avant coûts du trafic.

Pourquoi ? Parce que beaucoup de ces sites font l'erreur de prendre la réduction des prix pour un bon outil d'acquisition de clients. Or, on aurait du mal à inventer une méthode moins efficace et plus coûteuse que d'abaisser ses prix au point de perdre de l'argent sur chaque transaction (que les détracteurs d'Amazon.com sachent que cette entreprise enregistre en réalité un bénéfice moyen de 5 Euros environ par livre vendu).

Définition : Ruche

Les êtres humains ne forment pas une masse amorphe. Ils s'organisent au contraire en groupes, ou ruches, qui ont plusieurs points en commun : un mode de communication interne, des règles et des normes, explicites ou non, et une histoire commune. Cela vaut tout autant pour les réseaux d'anciens élèves et les juifs orthodoxes que pour les lecteurs de tel magazine consacré à Internet.

S'y ajoute le coût vertigineux que doivent supporter la plupart des vendeurs sur Internet pour attirer de nouveaux clients : le Boston Consulting Group parle pour sa part de plus de 80 Euros par *visiteur* (c'est-à-dire le curieux qui n'effectuera pas forcément d'achats). On entrevoit avec frayeur les énormes obstacles que ces entreprises auront à franchir pour faire leurs premiers bénéfices.

Ce problème ne se limite pas, bien sûr, au commerce en ligne. Quand j'étais étudiant à l'université Tufts en 1980, le quartier du campus comptait deux glaciers artisanaux. L'un d'eux, Joey's, vendait un produit formidable, et le client ne devait jamais faire la queue. L'autre était le désormais célèbre Steve's Ice Cream. Il pratiquait des prix légèrement plus forts que ceux de son concurrent, mais ses bénéfices étaient nettement supérieurs. Le secret ? Chez Steve's, il y avait toujours une file d'attente, le plus souvent très longue. Il fallait parfois attendre une bonne heure pour avoir un cornet.

Que s'était-il passé ? Comment expliquer que l'un de ces commerces ait pu déclencher un processus viral alors que l'autre se tenait péniblement au-dessus du seuil de rentabilité ? La publicité n'y était manifestement pour rien, puisque aucun des deux n'y avait recours. Non : si Steve's remportait un tel succès, c'est tout simplement parce que sa longue file d'attente lui avait assuré une notoriété supérieure ! Certains clients n'hésitaient pas à inviter des amis d'autres villes pour leur permettre de vivre cette expérience extraordinaire. Quant aux consommateurs fidèles du cru, ils s'étaient convaincus que, si la ruche aimait les glaces de la maison au point de bien vouloir se soumettre à une heure d'attente, cela valait sûrement le coup. Soudain, il ne s'agissait plus de crèmes glacées, mais de vécu.

La plupart des praticiens du commerce électronique, étant des copieurs timorés qui n'ont ni le goût du risque, ni la volonté d'innover, garantissent qu'aucune idée virus ne naîtra de leur activité. Dans l'espoir d'augmenter leur trafic, ils donnent des millions à AOL ou à Yahoo! mais n'obtiennent ainsi qu'une attention inexploitable. L'autre voie – rechercher des partenaires capables de promouvoir leur site, instaurer des accords d'affiliation, lancer des offres d'une valeur exceptionnelle, injecter une bonne dose de magie dans leur site – demanderait un effort apparemment au-dessus de leurs moyens.

On se concentrait autrefois sur la production de nourriture, ensuite sur la fabrication d'objets. Aujourd'hui, on produit des idées

Voici quelques faits étonnants à contempler demain pendant le trajet entre votre domicile et votre lieu de travail. Il y a vingt ans, les cent premières entreprises du classement de *Fortune* devaient leur suprématie soit à l'extraction, soit à la transformation d'une matière première comme le fer ou le pétrole. Aujourd'hui, moins de la moitié du peloton de tête équivalent correspond à ce profil, les autres réalisant des bénéfices invraisemblables grâce au commerce des idées. En 1998, 30 000 nouveaux CD de musique ont été édités, dont un par le pape (qui marie, avec assez de bonheur, le rap, la techno et la world music).

La capitalisation boursière de Yahoo! dépend pour quatre-vingt-dix-neuf pour cent de son chic, de son image de marque, de la fidélité de sa clientèle et d'autres atouts intangibles. Seul un pour cent est attribuable au contenu que l'utilisateur trouve là et nulle part ailleurs.

Nathan Mhyrvold, qui fut le premier chercheur scientifique de chez Microsoft, affirme qu'un excellent programmeur vaut dix mille fois plus qu'un programmeur moyen. Pourquoi ? A cause de la qualité de ses idées. Le point à retenir, c'est que l'on ne peut plus considérer les idées comme des personnages accessoires qui mettraient en valeur votre usine. Elles tiennent désormais la vedette !

Les individus sont plus connectés que jamais. Non seulement on a présent à l'esprit que nos amis ont des amis, mais on peut les joindre plus vite et plus souvent que par le passé

Essayez de vous souvenir du passé lointain. Disons d'il y a dix ans. A combien de personnes téléphoniez-vous régulièrement à cette époque ? A une dizaine, une vingtaine ou une trentaine dans votre vie personnelle, peut-être une centaine dans le cadre de votre travail ?

Regardez à présent la boîte de réception de votre courrier électronique ou la liste de contacts de votre messagerie vocale. De combien de personnes avez-vous des nouvelles chaque semaine ?

Nous sommes beaucoup plus en relation les uns avec les autres que auparavant. Qui plus est, nous avons désormais des contacts de deuxième, de troisième et de quatrième rang. Je viens de recevoir un message du conjoint d'une personne que j'avais connue vingt ans plus tôt en colonie de vacances et qui avait obtenu mon adresse e-mail d'une autre connaissance. Un autre message, envoyé par une de mes anciennes collègues, me parle d'un médecin à qui l'on menace de retirer son autorisation d'exercer en raison de son recours à la médecine douce. Mon interlocutrice prétend que sa belle-mère souffrira affreusement si elle ne peut plus se faire soigner par lui.

J'ai du mal à imaginer que l'une ou l'autre personne prendrait contact avec moi si cela les obligeait à traverser le village et à frapper à ma porte ou à m'appeler au téléphone. Mais dès que l'on se connecte à Internet, on se met, à un certain niveau, en rapport avec tout le monde. La connexion électronique fait circuler les idées. A toute vitesse.

Y a-t-il des différences entre le bouche à oreille et les idées virus ? Oui, et elles sont au nombre de deux. D'abord, le bouche à oreille progresse généralement moins vite, et de façon plus « analogique ». Quand un livre vous a plu, vous en parlez éventuellement à un ou deux amis. Mais il est peu probable que ceux-ci transmettent le message à d'autres tant qu'ils n'ont pas lu le livre eux-mêmes. Ensuite, le bouche à oreille finit immanquablement par s'éteindre. Etant donné qu'il touche relativement peu de monde, il suffit d'une baisse même modérée du nombre de participants pour que chaque nouvelle génération de participants soit plus petite que la précédente.

Ni l'un, ni l'autre de ces principes ne s'appliquent aux idées virus. Celles-ci se propagent vite et loin. Par le biais du « souris-dire » (l'ouï-dire amplifié par la puissance d'Internet), on peut informer cent amis... ou mille amis. L'explosion du nombre d'individus joignables et l'accélération des communications favorisent la diffusion du virus.

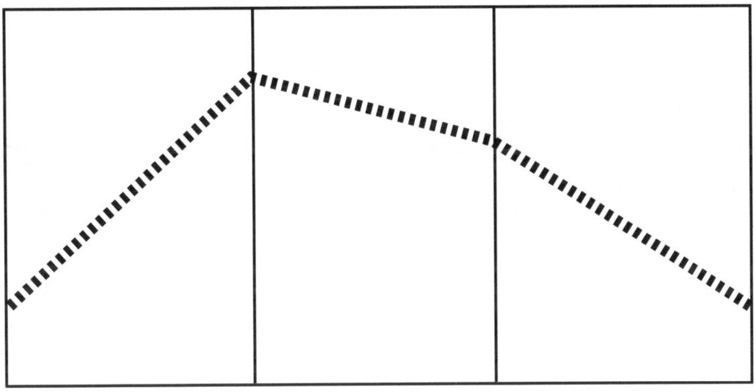

Courbe retraçant le bouche à oreille type. Notons le faible nombre de cycles et l'inflexion rapide vers le bas.

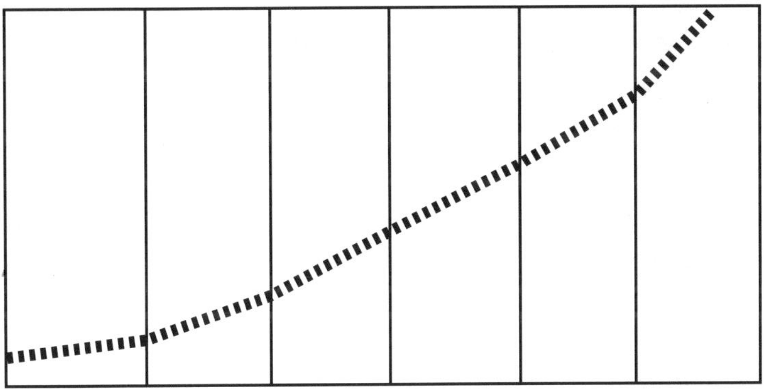

Courbe retraçant l'idée virus idéale. On retiendra surtout la multiplication des cycles et l'extension du virus dans chacun d'eux.

Même avant l'avènement d'Internet, il y avait des cas de virus. On connaît le bouche à oreille traditionnel dans le monde de l'édition, où un lecteur content de sa trouvaille en parle à un ami. Sympathique, mais le plus souvent insuffisant. Si *Sur la route de Madison* est devenu le grand best-seller des années quatre-vingt-dix aux Etats-Unis, c'est parce que les *libraires* l'ont favorablement accueilli et conseillé à leurs clients. Le libraire a généralement accès à des centaines de personnes. D'où la possibilité de remplacer le bouche à oreille aux conséquences parfois heureuses par un mode de communication autrement rapide... et virulent.

En revanche, la plupart des Américains n'ont jamais eu de massage de la part d'un masseur professionnel. Pourquoi ? Parce que, pour comprendre l'utilité de cet art, il faut l'avoir déjà essayé. Le langage humain offre apparemment peu de moyens pour décrire ou invoquer les bienfaits du massage. Facteur encore plus déterminant, la profession des masseurs n'a pas encore de porte-parole attitré qui lui consacre le temps et l'énergie nécessaires à la mise au point d'une idée virus adéquate. En l'absence d'un bon véhicule de transmission, le message circule lentement. C'est pour cela qu'il n'y a pas de phénomène viral.

On constate aujourd'hui une puissante volonté de comprendre la nouveauté et de rester à la pointe

Aujourd'hui, on dirait volontiers que la clé de l'enrichissement instantané réside dans le fait de rester « à la page ». Celui qui connaît la dernière tendance, l'idée la plus branchée et la plus prometteuse, a de bonnes chances de réussir, que ce soit à la Bourse, dans la politique, dans la recherche scientifique, dans la programmation informatique ou dans le marketing.

Pourquoi est-ce important ? Parce que, *a contrario,* dans une société qui ne s'intéresse pas à la nouveauté, le fait d'être un branché fanatique n'améliorerait pas votre position sociale. Quand on songe qu'une idée virus n'est au fond qu'une version amplifiée du bouche à oreille appliquée à la nouveauté, on comprend qu'elle ne peut prendre racine dans une culture indifférente au renouvellement constant.

Considérons le hit-parade musical. Il y a trente ou quarante ans, il n'était pas rare qu'un disque reste en tête pendant six mois ou davantage. A l'heure actuelle, la plupart des tubes connaissent une gloire bien plus éphémère, car le public se régale du succès du moment, puis passe rapidement à autre chose.

L'an dernier, 350 livres consacrés au monde de l'entreprise ont été publiés en France. Chacun d'eux a été lu par une personne au moins, certains par beaucoup de monde. L'explication ? Dans un monde qui se transforme de plus en plus vite, savoir devient tout aussi important qu'avoir. Voilà pourquoi la population attend avec impatience la prochaine idée virus.

L'accélération actuelle du flux des idées nouvelles a pour effet d'augmenter l'estime que l'on réserve à ceux qui savent. Conscients désormais de la valeur de la nouveauté, nos contemporains ont de plus en plus envie d'en entendre parler et d'en parler autour d'eux.

Les consommateurs de la première heure (ces fanatiques qui tiennent absolument à être au courant des dernières innovations branchées dans leur domaine) existent certes depuis toujours, mais ce qui a changé, c'est qu'ils se sont drôlement multipliés. Si vous lisez cette page, c'est que vous en faites partie !

Internet est en passe de transformer tout le monde en mordus câblés. AltaVista n'est plus branché : vive Google.com ! Oubliez Palm, c'est ringard. Essayez plutôt le Handspring. Tout à coup, chacun veut – et peut – se trouver à la pointe, et en permanence.

Inventer et posséder une idée virus permet actuellement d'empocher des bénéfices énormes et, surtout, plus importants que jamais. Il fut un temps où seuls quelques fanatiques s'intéressaient à la dernière calculette sur le marché. Aujourd'hui, on voit couramment des gens discuter dans le métro de leur nouvel ordinateur de poche. Hier encore, ceux qui connaissaient le dernier tube salsa en provenance du Mexique ou le nom du cuisinier le plus en vue à Los Angeles se comptaient sur les doigts d'une main. A présent, chacun découvre avec stupéfaction que ses propres parents sont au courant de tout !

Ce n'est pas seulement que notre société récompense ceux qui ont la sensibilité, l'intelligence ou le flair requis pour rester à la page. C'est qu'une partie croissante de la population semble avoir fait un saut qualitatif : au lieu d'attendre patiemment ou prudemment la banalisation d'une nouvelle tendance, on s'affirme comme consommateur de la première heure, comme fanatique qui recherche activement l'innovation.

Cette évolution des mentalités est en train de déplacer les gisements de profits. Les entreprises dépendent de moins en moins, pour leurs marges bénéficiaires, de cette masse de traînards qui finissent par se résoudre à acheter tel produit dans les grandes surfaces. Elles gagnent de l'argent dès le premier jour, la première semaine, le premier mois suivant la sortie de leur idée.

Quand on entend parler de quelque chose d'inédit et de palpitant, on tient à en savoir plus, à en faire partie. La mode actuelle, c'est de rester à la mode. Et c'est par les idées que l'on y parvient.

Une idée virus va au-delà de l'article ou du livre qui la présente. Tout désormais – percées technologiques, nouveautés en matière de création de produits – dépend pour réussir d'une gestion intelligente de l'idée virus de la part de ses créateurs

Un manifeste est un ensemble d'idées soigneusement structuré en vue de persuader. Mais, si l'écrit constitue l'un des moyens possibles d'avancer des arguments complexes, on peut très bien choisir de les présenter, quelquefois avec plus de succès d'ailleurs, sous la forme d'une chanson (que l'on pense à celle de Bob Dylan sur Hurricane Carter) ou d'un objet aussi noble que l'épluche-légumes OXO.

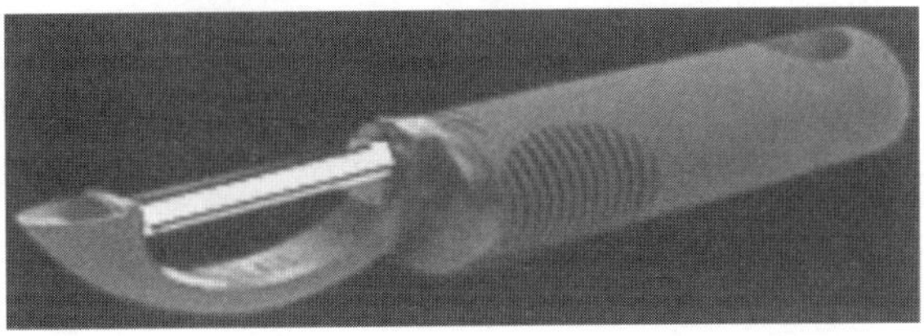

On saisit le sens de celui-ci dès qu'on le voit. On est d'emblée convaincu qu'il marchera mieux et occasionnera moins de blessures que l'économe classique. Bref, tous ceux qui ont déjà eu à éplucher un légume dans leur vie veulent un OXO. Sa conception est en substance un manifeste qui affirme : « Il existe aujourd'hui un moyen commode et intelligent de s'acquitter de cette tâche ingrate. » L'OXO est-il promis à un développement viral ? Certes pas auprès de toute la population, mais il suffit de fréquenter un milieu de passionnés de la cuisine ou d'individus souffrant d'arthrite pour comprendre que l'idée a déjà gagné pas mal de monde. Ou de lire les réactions dithyrambiques publiées sur le site d'Amazon.com consacré à l'art culinaire.

La fin du jeu à somme nulle

La publicité traditionnelle fonctionne comme un jeu où il y a des gagnants et des perdants. Chaque fois que votre produit attire l'attention de votre cible, vous gagnez une nouvelle « part de son esprit » et le client perd du temps. Si, en outre, ce dernier se montre suffisamment niais pour écouter une annonce qui n'a aucune information utile à lui offrir, il est doublement perdant. On reconnaît là la marque de la vieille économie : dans toute transaction, il s'agit de prendre quelque chose à quelqu'un.

Le Permission Marketing et l'idée virus n'ont rien à voir avec cette logique. Ces deux nouveaux modèles mettent en place un jeu dont tout le monde peut sortir gagnant ! Dès lors que l'idée est de qualité et qu'elle circule gratuitement à l'intérieur de la ruche, tous ceux qui y touchent en tirent plusieurs avantages.

D'abord, vous gagnez en tant que consommateur. Le fait d'avoir conseillé l'idée à un ami conforte votre réputation *de contaminateur efficace* (ou votre rémunération en tant que *contaminateur erratique*, deux concepts dont nous reparlerons au chapitre suivant). Vous estimez vos amis, et c'est pour cette raison que cela ne vous viendrait jamais à l'esprit de leur proposer des idées qui ne soient pas susceptibles de leur rendre la vie plus facile. Dès que vous vous écartez de ce principe, vous verrez chuter votre prestige de contaminateur.

Définition : Contaminateur

Certaines personnes semblent prédisposées à parler autour d'elles d'une nouvelle idée géniale. Ce sont elles qui se trouvent au cœur du phénomène viral. Repérer et courtiser les contaminateurs : voilà la clé de la réussite pour le marchand d'idées.

Ensuite, votre interlocuteur en profite également. Non seulement il voit sa vie changer en mieux, mais il acquiert ainsi la capacité à contaminer à son tour, à transmettre l'idée à quelqu'un d'autre et donc à renforcer sa position.

Enfin, le créateur remporte un beau succès : son idée se propage et lui permet de vendre des « bibelots » (sous forme de conférences, de services de conseil ou d'autres services à forte valeur ajoutée) à ceux que l'idée a séduits.

Mon ami Chris Meyer, l'un des deux auteurs du *Paradigme du flou*, l'exprime ainsi : « En matière de contamination, la seule distinction entre une campagne efficace et une campagne inefficace réside dans le respect que l'on porte au temps disponible, à l'attention et à la réputation de la personne qui va attraper le virus. Soulignons que la décision de contaminer va généralement dans le sens de la décentralisation. Il s'agit pour chacun de savoir s'il convient ou non de saturer la boîte e-mail d'un ami en lui transmettant le virus en question, car il y va de votre réputation, au minimum sur le plan local. »

Là, Chris Meyer met le doigt sur la véritable source du succès actuel des idées virus… et sur la raison pour laquelle la logique de cette démarche (ou même du Permission Marketing d'ailleurs) échappe aux publicitaires traditionnels. Le caractère décentralisé de la décision est l'antithèse de la mentalité hiérarchique et autoritaire qui a si longtemps dominé le marketing.

Si la presse professionnelle ou généraliste regorge d'annonces, ce n'est pas parce que la publicité porte toujours ses fruits, loin s'en faut. C'est parce que le simple fait d'y avoir consacré tant d'argent donne à l'entreprise l'illusion de mener la danse commerciale, ne serait-ce que pour quelques instants fugitifs.

Bill Bernback, doyen de la publicité en Amérique et cofondateur de DDB Advertising, a montré, peu avant sa mort il y a vingt ans, le chemin de cette nouvelle conception du marketing :

> On ne peut pas vendre à une personne qui n'écoute pas; le bouche à oreille est le meilleur véhicule de tous ; et si la fadeur n'a jamais vendu un produit, l'éclat sans pertinence non plus.

La solution, bien entendu, consiste à donner aux consommateurs une raison valable pour écouter, puis à mettre en place une infrastructure qui démultiplie leur capacité à se livrer au bouche à oreille. L'une et l'autre tâche ont pour point de départ le nouveau respect qu'il faut marquer à ces consommateurs, dont le pouvoir est plus grand que jamais.

Chapitre DEUX

Le lancement d'une idée virus

Même si une idée virus paraît fortuite, on peut radicalement augmenter ses chances de prendre et de se propager

C'est à partir de maintenant que l'affaire devient vraiment sympathique. Dès lors que vous comprenez les forces fondamentales à l'œuvre dans la propagation d'une idée virus, vous êtes prêt à en lancer une.

Que les idées virus se propagent en général par des moyens inconnus ou à la faveur d'événements accidentels ne veut pas dire pour autant que leur création et leur gestion défient toute réflexion systématique. Vous pouvez, au contraire, concevoir votre produit de manière à le doter d'un potentiel viral. Puis, et à condition de comprendre les huit éléments de la formule de l'idée virus, vous améliorerez vos chances de diffuser la vôtre à chaque étape du parcours.

C'est une nouvelle vision du marketing qui se profile derrière cette option. Car dès lors que le lancement d'une idée virus se transforme en moyen promotionnel clé et qu'il y a des mesures précises à prendre pour augmenter la probabilité d'un tel résultat, cela vaut assurément le coup d'essayer !

Au cœur de l'idée virus : le contaminateur

Certaines personnes montrent une aptitude prononcée à propager les idées virus. Malcolm Gladwell, auteur de *The Tipping Point*, à la fois livre génial et idée virus, parle à cet égard d'une « loi des petits

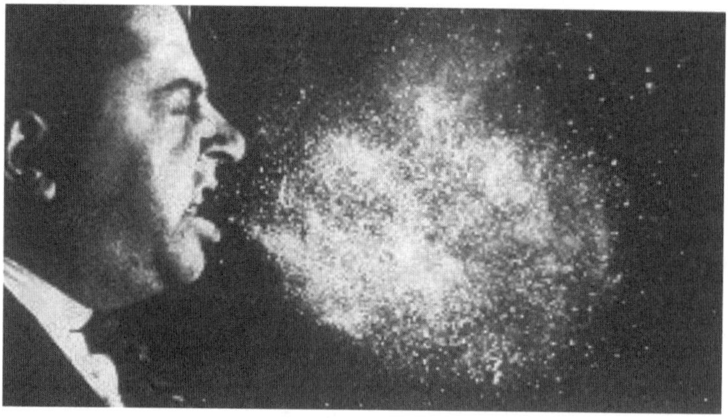

nombres » et répartit les diffuseurs clés en trois groupes : les connecteurs, les connaisseurs et les vendeurs. Son analyse insiste avant tout sur la distinction fondamentale entre ceux qui ne vous apporteront jamais rien et ceux qui donneront une puissante impulsion à votre virus.

Malcolm Gladwell cite notamment l'exemple de Paul Revere, qui, dans sa célèbre chevauchée nocturne de 1775, alerta les insurgés américains de l'arrivée des troupes britanniques. Il s'avère qu'un autre homme nommé William Dawes fit la même nuit une chevauchée semblable… sauf que la sienne échoua totalement.

Pourquoi ? Parce que les habitants du Massachusetts connaissaient Paul Revere et lui faisaient confiance. Il bénéficiait d'une forte crédibilité. Ainsi, lorsqu'il s'exprimait, ses paroles étaient écoutées et crues. Paul Revere était un contaminateur, alors que William Dawes, loup solitaire, ne réussit pas, en dépit d'un effort considérable, à transformer son idée en virus.

Le contaminateur se trouve au cœur de toute idée virus. C'est celui qui est toujours cru par les dix, vingt ou cent personnes auxquelles il communique une nouvelle.

Il y a contaminateurs et contaminateurs...

On peut distinguer deux grandes catégories de contaminateurs :

Le contaminateur erratique

Pensez à votre oncle qui travaille dans les assurances. Le contaminateur erratique fait partie d'une ruche d'individus peu sélectifs qui essaieront en toute circonstance de « vendre » leur idée virus préférée à n'importe qui.

- Le contaminateur erratique peut agir dans la perspective de gagner de l'argent ou pour d'autres incitations similaires.
- Le contaminateur erratique passe rarement pour un leader d'opinion, mais, s'il se répand suffisamment dans la société, il peut être d'une efficacité redoutable.

Tout un pan de la Net Économie qui s'organise à l'heure actuelle autour d'idées virus cible justement ce groupe (constitué de ceux qui acceptent, moyennant récompense, de vendre à leurs amis). Dans leur recherche de nouveaux clients, des entreprises comme Mercata.com, Alladvantage.com ou même Amazon.com offrent des incitations aux utilisateurs qui diffusent des idées autour d'eux. A mesure que se confirme l'utilité de lancer des idées virus, on verra de plus en plus de stratégies de ce type, de même qu'on rencontrera de plus en plus de contaminateur erratique. En un mot, on leur verse suffisamment d'argent pour les corrompre et les persuader d'assurer la publicité.

Le contaminateur efficace

Le commerce des chapeaux suit depuis quatre-vingts ans une spirale descendante qui l'enfonce inexorablement dans la marginalité. Chaque année apporte son lot de mauvaises nouvelles : un fabricant après l'autre met la clé sous la porte, et la plupart des villes américaines peuvent s'estimer heureuses si elles ont encore un chapelier.

C'est donc en plein sinistre qu'une petite lueur d'espoir apparut il y a une vingtaine d'années : Harrison Ford... tenant un grand fouet à la main... et coiffé d'un chapeau.

Le personnage d'Indiana Jones aura permis à Stetson de vendre plus de chapeaux que toute autre figure depuis l'invention de l'homme de Marlboro. Pourquoi ? Parce que Harrison Ford a suffisamment d'influence pour dicter la mode. Sa présence (chapeautée) dans un film aura incité des millions d'hommes qui aspirent à lui ressembler à se procurer un chapeau.

Le paradoxe du contaminateur efficace réside dans le fait que l'on ne peut l'acheter. Car celui qui accepte un bakchich en échange de son activité de propagateur entame ainsi son pouvoir. Quand le public voit Bruce Springsteen ou Whoopi Goldberg dans une publicité, il en conclut que ce n'est manifestement pas leur seul goût qui les motive.

En réalité, chaque fois qu'un contaminateur efficace s'associe à une nouvelle idée, il prend un risque. Si ses fidèles rejettent le virus pour quelque raison que ce soit, sa capacité à en diffuser d'autres à l'avenir diminue. D'où la difficulté de manipuler les contaminateurs de cette espèce ou de deviner ce qui pourrait les pousser à faire leur une idée virus.

Un petit scénario devrait mettre en lumière la différence entre nos deux catégories de contaminateurs ainsi que les perspectives de les rapprocher.

N'importe qui peut insérer une annonce dans un journal prévu à cet effet ou même dans un magazine à grand tirage. Cette démarche présente l'avantage évident de donner le dernier mot en matière de forme et de contenu du message à celui qui le finance. La publicité n'est au fond que de la contamination rémunérée et, comme le public le sait pertinemment, elle n'a pas beaucoup de crédibilité à ses yeux. Elle fonctionne encore certes, mais elle reste moins efficace qu'une bonne épidémie lancée par un contaminateur.

En revanche, c'est au rédacteur en chef du *New York Times* de choisir les articles devant paraître dans son journal. Le directeur du marketing d'une entreprise a beau verser des sommes colossales, il n'a jamais la garantie que l'article ayant sa faveur sera publié ou, en cas de publication, que le contenu effectif lui conviendra entièrement.

Mais voici qu'apparaît l'Internet. Il y a une multitude de sites Web où l'on distingue difficilement entre contenu éditorial et publicité, d'autant que le bailleur de fonds a le droit de dire ce qu'il veut.

Imaginons donc un instant que le *New York Times* adhère à ce principe choquant. Sa rédaction lance l'appel suivant aux spécialistes du marketing : « A vous d'écrire vos articles puis de nous rémunérer pour obtenir leur publication ! » Il y aurait, bien sûr, quelques règles de base à respecter. D'abord, le client préciserait le prix qu'il consent à payer à chaque fois. Un restaurateur pourrait, par exemple, décider qu'un article pleine page sur son tout nouveau chef de cuisine vaudrait bien 10 000 Euros. Ensuite, cela serait à la rédaction de se prononcer en dernier ressort sur le contenu des articles.

De toute évidence, une politique consistant à se détourner hardiment des contaminateurs efficaces au profit des contaminateurs erratiques aurait un effet désastreux sur les ventes du journal. Si le *New York Times* acceptait n'importe quel écrit soumis par le plus offrant, sans se soucier de son intérêt ni de sa fiabilité, il n'aurait plus de lecteurs au bout d'une semaine.

Mais si la rédaction se rendait compte que son lectorat restait tout aussi satisfait qu'avant si elle sélectionnait soigneusement les meilleurs articles proposés (peut-être quelques-uns par jour seulement) ? Si elle savait que, pour 199 papiers exécrables de promotion de restaurants, elle en recevrait quand même un qui serait formidable ? Si elle avait assez de courage pour limiter son choix aux articles de toute première qualité et résister aux sirènes du compromis commercial ?

Les journalistes ont beau se tordre les mains de désespoir, cette évolution est déjà en cours (pas au très estimé *New York Times*, cela va de soi !), et elle a toutes les chances de se poursuivre. On la voit notamment sur les sites Internet et à la télévision. Qui plus est – et c'est de loin l'aspect le plus intéressant –, on la voit dans les habitudes de contamination individuelles.

Les dramaturges, comédiens et capitaines d'industrie de 1900 avaient peu d'occasions de renier leurs principes. Aujourd'hui, Whoopi Goldberg fait de la réclame pour le service de cadeaux en ligne Flooz et William Shatner, autrefois légendaire pour son rôle dans *Star Trek*, chante les louanges de Priceline, qui permet d'acheter aux enchères des billets d'avion et d'autres services. Quant à Gerald Ford, ancien président des Etats-Unis, il siège au conseil d'administration de plusieurs sociétés. Ces célébrités ont en commun le fait d'avoir abandonné le rôle de figure influente, puissante et audessus de toute considération commerciale – tant leur aura brillait – pour endosser celui de contaminateurs erratiques... et éminemment achetable. William Shatner avait perdu sa capacité à dicter la mode par ses actes, à s'imposer comme contaminateur efficace, et c'est pour cela que cette transition en douceur se justifiait du point de vue de sa carrière. En revanche, Tom Cruise ou Mel Gibson seraient assez mal inspirés de lui emboîter le pas.

Depuis mon départ de Yahoo!, les invitations à siéger dans des conseils d'administration ou à faire des recommandations publicitaires n'ont pas manqué. Mais je les ai toutes déclinées. Pourquoi ? Parce que je ne tiens pas à gaspiller les points du contaminateur efficace accumulés grâce à mon livre précédent. La seule fois que j'aie accepté de participer à une pub, je l'ai fait gratuitement. D'ailleurs, je continue d'en avoir des échos.

Pensez un instant à votre propre situation. Avez-vous déjà obtenu qu'une connaissance s'inscrive à tel ou tel programme sous votre parrainage ? Ou essayé de convaincre quelqu'un de se servir de votre statut d'affilié à Amazon.com pour acheter des livres ? Ou encore de rameuter plusieurs personnes pour réaliser un achat groupé à moindre prix ? Si la réponse est oui, vous vous êtes fait payer, dans un cas comme dans l'autre, pour modifier votre comportement. Résultat : vous avez augmenté votre côté « erratique » au détriment de votre efficacité.

A mesure qu'on obtiendra, grâce à Internet, de nouveaux moyens de mesurer les idées virus et d'encourager la contamination, le nombre des contaminateurs erratiques augmentera, mais, dans le même temps, le rôle des contaminateurs efficaces ne cessera de gagner en importance. Plus l'attention disponible deviendra une denrée rare, plus on aura envie d'écouter celui qui propage un virus « à but non lucratif ».

Epinions.com offre un modèle fascinant de convergence entre nos deux figures. Ce site attire des centaines de milliers de personnes soucieuses de connaître l'avis de milliers de contaminateurs. Des livres aux lave-vaisselle, tout est évalué. Qui plus est, les auteurs des évaluations sont eux-mêmes clairement identifiés et régulièrement classés. Et voilà que des contaminateurs erratiques (ceux qui sont rémunérés pour avoir donné leur avis) se transforment soudain en autorités ! De quelle façon ? Dès lors que vos jugements ont l'heur de plaire à un grand nombre d'internautes, ils acquièrent du poids, quelle que soit votre rémunération.

Par exemple, une certaine « X » a affiché plus de 1 000 évaluations qui ont été lues au total plus de 100 000 fois. On la rangerait sans hésitation dans la catégorie « erratique », puisqu'elle perçoit de l'argent chaque fois que quelqu'un lit un de ses avis et qu'elle s'efforce en permanence d'élargir son lectorat. Mais, ce faisant, elle assoit peu à peu sa réputation de contaminateur efficace.

Referrals.com est une entreprise fondée sur l'idée de rémunérer ceux qui aident les autres à trouver un emploi. Au lieu de confier à quelque chasseur de têtes le nom de cinq candidats pouvant correspondre au profil demandé (et lui permettre de toucher 30 000 Euros si le recrutement se fait), elle opère un renversement total. Elle vous demande de transmettre une offre d'emploi à vos amis et, si l'un d'eux l'accepte, vous recevez un chèque de 4 000 Euros.

Si Referrals.com n'attirait que des contaminateurs erratiques, ce serait bientôt la faillite. Pourquoi ? Parce que les gens les plus valables font des pieds et des mains pour ne pas entendre les intrusions des contaminateurs erratiques. Ils savent que celui qui se laisse acheter de la sorte n'est guère plus qu'un panneau d'affichage ambulant et, de même qu'ils ne regardent pas les panneaux qui ornent les routes nationales, de même ils se détournent de ceux qui les portent sous une autre forme. (Soulignons en passant que tous ceux qui ont déjà été contactés par un chasseur de têtes ont une bonne idée des prouesses auxquelles certains peuvent se livrer dès l'instant qu'ils espèrent en tirer bénéfice !)

Referrals.com s'attache à transformer les contaminateurs efficaces qui font partie d'une ruche sélect en intermédiaires prêts à l'occasion à se vendre pour 4 000 Euros. Le site vise ceux qui ne se dérangeraient probablement pas juste pour empocher quelques sous de récompense mais qui auraient du mal à résister à la perspective d'obtenir 4 000 Euros tout simplement en envoyant quelques courriers électroniques. Ce principe – la possibilité de convaincre même le contaminateur efficace de devenir erratique à condition de lui proposer dans de bonnes conditions une récompense appropriée – est un élément clé du lancement méthodique d'idées virus.

Quel paradoxe ! Le contaminateur efficace perd de son influence dès qu'on l'achète. Mais dans certains cas, il la récupère s'il s'y prend avec talent. On a affaire à une sorte de cycle dans lequel les acteurs font la navette entre ces deux façons d'être, cherchant un moyen de concilier autorité et non-sélectivité (autrement dit, rentabilité).

L'art de la contamination erratique

Comment attirer et conserver les contaminateurs erratiques ? On peut distinguer six principes de base :

1. Promettez-leur la Lune.
2. Montrez-leur la possibilité de gagner sur de gros volumes.
3. Indiquez-leur un chemin praticable.

4. Quand l'un d'eux réussit, informez-en les autres.
5. Donnez à ceux qui ont réussi les moyens de montrer l'efficacité de leur démarche aux non-contaminateurs.
6. Organisez une réunion Mary Kay (cf p. 53).

Promettez-leur la Lune

Qu'est-ce qui incite un individu à devenir un contaminateur erratique ? Entre autres choses, l'espoir de changer de mode de vie. Une récompense certaine mais modeste offre, à cet égard, moins d'attraits qu'une récompense un peu moins certaine mais plus importante. Car c'est dans la nature humaine d'être accommodant concernant les risques à courir mais intraitable au sujet des bénéfices à en tirer.

Je serais donc nettement plus enclin à me rendre utile en échange de la possibilité de gagner six mois de service gratuit au pressing qu'en échange de la certitude d'obtenir une réduction de 4 Euros sur ma prochaine facture de nettoyage à sec.

Montrez-leur la possibilité de gagner sur de gros volumes

Bien entendu, votre promesse doit avoir un semblant de crédibilité. L'un des meilleurs moyens d'y parvenir consiste à faire comprendre au contaminateur erratique que le système n'est pas imbattable : s'il s'y applique, les chances de tirer le gros lot augmentent rapidement.

Imaginez que je réponde à votre proposition en disant : « Mais au fait, si j'en parle à dix amis plutôt qu'à un seul, j'aurai toutes les chances de remporter votre prix. » Cela veut dire que vous avez bien ficelé votre offre. Je pense peut-être que, si je m'adresse à autant de monde, je vous arnaque, alors qu'en réalité je me conforme tant et plus à vos souhaits. Bon nombre des programmes d'affiliation fonctionnent de cette manière. Ils paient une commission pour toute recommandation qui débouche sur une vente. Conçus au départ comme moyen peu onéreux d'attirer de nouveaux clients vers son site Web à partir d'autres sites consacrés à des thèmes voisins, ils ont connu depuis une évolution qui les a projetés bien plus loin. Dans une boutique virtuelle d'animaux, par exemple, vous cliquez sur un lien hypertexte annonçant un livre sur le dressage des chiens, ce qui vous permet de le commander auprès d'Amazon.com. La célèbre librairie en ligne verse donc une commission au site affilié (la boutique d'animaux). Certains petits entrepreneurs se sont exclamés en découvrant ces programmes : « Eh ! Si je construis un site qui se borne à vendre des livres, alors que c'est Amazon (ou Barnes & Noble) qui s'appuie tout le travail, je pourrai escroquer le système et gagner des millions ! » Or, en réalité la librairie en ligne se moque comme de l'an quarante de savoir d'où viennent ses clients du moment qu'ils sont nombreux. Du coup, des centaines de milliers de personnes ont déjà créé des entreprises vouées entièrement au recrutement de clients pour d'autres marchands.

Indiquez-leur un chemin praticable

La confiance est, hélas, une denrée rare, y compris chez les contaminateurs erratiques. A vous donc de leur faire sentir que cette aventure peut en effet rapporter gros. C'est surtout le cas lorsque vous avez peu de temps pour convaincre. Vous aurez bien plus de chances de soulever d'emblée leur enthousiasme en insistant sur le fonctionnement sans faille du système et en leur facilitant à l'extrême la tâche de réexpédier votre message ou de donner votre tuyau à un ami. Autrement dit, il n'y a que la première contamination qui coûte.

Quand l'un d'eux réussit, informez-en les autres

Ce point capital est souvent négligé. Supposons que vous avez gagné la permission de mener un dialogue suivi avec vos contaminateurs : qu'attendez-vous donc pour leur parler ? Je suis inscrit à plusieurs programmes d'affiliation sur Internet, mais pas un seul d'entre eux n'en profite de cette façon. Pourquoi ne pas envoyer des annonces qui rapportent les progrès accomplis par les affiliés les plus dynamiques ? Pourquoi ne pas m'inviter à visiter leurs sites afin d'observer leurs méthodes ? Vanter les performances de certains contaminateurs, c'est offrir aux autres une forte incitation à les surpasser.

Donnez à ceux qui ont réussi les moyens de montrer l'efficacité de leur démarche aux non-contaminateurs

Mary Kay, la célèbre société de vente directe de cosmétiques, offre une Cadillac rose à ses meilleures vendeuses, et ce n'est pas un hasard. Pourquoi choisir cette voiture – et de cette couleur – parmi les multiples possibilités de récompense ? Parce qu'elle sert d'amplificateur permanent à la réussite du contaminateur. Parce qu'elle attire de nouveaux contaminateurs. Parce qu'elle prouve au reste du personnel et au monde entier que l'on peut s'enrichir en vendant des produits de beauté à ses relations.

Organisez une réunion Mary Kay

Ce n'est pas parce que nous sommes entrés dans le XXIe siècle qu'il faut renoncer à l'idée de rencontres réelles. Zig Ziglar raconte une anecdote sur Mary Kay (fondatrice de l'entreprise éponyme), alors vendeuse qui tirait le diable par la queue. A un congrès de la force de vente auquel elle était conviée, elle apportait tous les jours un modeste sandwich, car elle ne pouvait se payer les repas proposés par l'organisateur. Mais au banquet final, où les vendeurs se mirent en rang pour serrer la main du président, Mary Kay lui dit quand vint son tour : « L'an prochain, je serai la première vendeuse de la société. » Le président, qui aurait très bien pu balayer d'un revers de main cette affirmation, s'arrêta pourtant net. Puis, après un silence de trente secondes, il regarda la jeune femme dans les yeux et répondit : « Cela, je veux bien le croire. »

La suite, on le sait, fera date dans l'histoire de la vente. Mais je doute qu'elle eût été possible sans cette réunion des vendeurs. Comment allez-vous donc faire pour vous retrouver avec vos meilleurs contaminateurs erratiques ?

Au-delà de ces six principes, il y a deux interdictions à respecter, sous peine de détruire définitivement tout votre réseau de contaminateurs erratiques :

- Ne modifiez jamais la règle du jeu en cours de route.
- Ne considérez pas la relation avec le client comme une charge.

Ne modifiez jamais la règle du jeu en cours de route

Alladvantage.com peut se targuer de s'être développé à une vitesse que très peu de sites Web de la planète ont égalée. Concept de départ : mettre sur pied une structure dont chaque membre serait rémunéré pour toute publicité qu'il voit et, surtout, pour les publicités vues par les personnes qu'il a recrutées. Le résultat a été une entreprise classique de vente par réseau coopté où l'on gagnait plus d'argent en attirant de nouveaux vendeurs que grâce à l'utilisation effective du produit.

Ayant franchi le cap des 5 millions d'utilisateurs enregistrés, l'entreprise s'est rendu compte, au vu des chiffres, que les généreuses rémunérations versées allaient dresser des barrières redoutables sur le chemin de la rentabilité. C'est ainsi que, sans enfreindre les clauses du contrat prévues pour parer à une telle éventualité, elle a annoncé une modification de ses tarifs… qui a provoqué un tollé indescriptible. Soudain, ses meilleurs contaminateurs se sont mis à répandre des bruits défavorables au site. La machine à croissance s'est grippée : mauvais signe. L'entreprise se tirera sans doute d'affaire, et elle pourrait même renouer avec sa croissance d'hier. Mais elle se serait certainement épargné beaucoup de soucis si elle avait fait ses calculs à l'avance pour pouvoir établir un barème jouable dans la durée.

Ne considérez pas la relation avec le client comme une charge

Il est si facile de cesser de traiter avec vos contaminateurs erratiques au motif qu'il s'agirait d'une « charge » plutôt que d'un investissement ! Si, au départ, vous vous félicitez de ce moyen de comprimer vos coûts d'acquisition des clients et de doper votre croissance, la tentation est grande, une fois la dynamique engagée, de croire que vous pourriez continuer sur votre lancée, sans devoir supporter le coût « exorbitant » de la rémunération des contaminateurs.

Un tel glissement a en pratique deux conséquences désastreuses. D'une part, vous chercherez inévitablement à rogner sur la récompense des contaminateurs et à ménager vos efforts pour assurer leur satisfaction. Or, mieux vaut supprimer carrément votre programme plutôt que de décevoir ces alliés indispensables. N'oublions pas que le contaminateur efficace se transforme facilement, une fois froissé, en contaminateur efficace négatif !

D'autre part, vous tomberez dans le piège qui consiste à miser sur des techniques de croissance que vous n'avez pas encore mises au point, testées et évaluées. Le plus souvent, c'est l'échec qui vous attend au bout du chemin.

Il est plus judicieux de geler vos efforts d'acquisition de nouveaux contaminateurs tout en réaffirmant votre relation privilégiée avec les contaminateurs déjà acquis. Puis vous profiterez de cet inter-règne pour apprendre à exploiter d'autres gisements de croissance. Ce n'est qu'au moment où vous aurez clairement réussi cette transition que vous pourrez commencer à vous éloigner de ceux qui vous ont si bien accompagné jusque-là.

Davantage que le bouche à oreille

Le marketing tire parti depuis longtemps du bouche à oreille. Et pourtant, il y a cinq principes fondamentaux que tout adepte des idées virus doit comprendre et que les praticiens du bouche à oreille traditionnel ne connaissaient pas :

1. Le marchand d'idées sait que le lancement du virus est l'aspect le plus important de son travail. C'est pourquoi il consacre tout son temps et toutes ses ressources à la création d'un produit et d'un environnement dont le virus peut se nourrir.
2. Le marchand d'idées voit bien que la bonne manipulation des éléments clés de la diffusion – vélocité, vecteur, facilité, persistance, identification des contaminateurs – permet d'augmenter grandement les chances de propagation du virus.

3. Le marchand d'idées n'oublie pas que le bouche à oreille numérique laisse une trace écrite ineffaçable, héritage qui ne quittera jamais le produit, que ce soit à son avantage ou à son détriment.
4. Le marchand d'idées se rend compte que la principale raison d'être d'un produit ou d'un service ne se résume pas à la satisfaction des besoins d'un seul utilisateur. Il faut l'éblouir, l'épater, le séduire à tel point qu'il en parlera à cinq amis. Dès lors, *le produit se vend tout seul en créant et en renforçant l'idée virus qui la sous-tend.*
5. Le marchand d'idées comprend que l'idée virus suit un cycle de vie ; il choisit donc le moment opportun pour cesser de rémunérer celui qui la répand et pour commencer à faire payer l'utilisateur, avec des bénéfices à la clé.

Définition : Vecteur

La diffusion dans la population d'une idée virus suit en général un vecteur. Celui-ci peut, par exemple, la conduire vers un segment géographique ou démographique précis. Certaines idées virus démarrent sur un petit créneau de marché pour gagner ensuite une vaste audience, alors que d'autres s'essoufflent dès qu'elles ont fait le tour d'un segment particulier. Napster a suivi tout droit le vecteur des étudiants. Pourquoi ? Parce que ce public réunit trois attributs indispensables à la propagation du virus : rapidité de connexion, temps libre et manie des nouvelles musiques.

Définition : Persistance

Il est des idées qui s'accrochent longtemps à un individu, l'influençant des mois ou des années durant. D'autres ont une demi-vie beaucoup plus courte avant de s'éteindre.

Les idées virus raffolent du vide

Il est très difficile de garder simultanément deux idées virus contradictoires en tête (le communisme : malin ou bénin ?). Si, par exemple, une idée occupe déjà de la place dans l'esprit du consommateur, la vôtre ne pourra guère prétendre à une quelconque coexistence pacifique. Elle devra, dans la plupart des cas, déloger celle qui l'a devancée, opération qui ne va pas de soi.

On est donc fondé à dire que l'idée virus n'a pas de meilleur ami que le vide. L'émission « 60 Minutes » consacrée à l'accélération incontrôlable des Audi déclencha un virus dans des conditions idéales. Pourquoi ? Parce que la plupart des gens n'avaient jamais conduit d'Audi de leur vie ni eu le moindre rapport avec ce constructeur. D'ailleurs, rares étaient ceux qui avaient un ami satisfait de son Audi. C'est dans ce vide que le virus s'engouffra, refusant obstinément de déguerpir.

Comme on pouvait s'y attendre, le constructeur riposta avec une maladresse impressionnante. Réagissant avec un laconisme crispé, il se borna à aligner des données techniques censées prouver la solidité de ses affirmations. Très juste, très allemand... et totalement inefficace, à en juger par les milliards d'Euros de ventes dont cette réaction l'a privé.

Il était parfaitement inutile de chercher à convaincre tout le monde de la qualité des Audi. Cette tactique aurait peut-être convenu s'il ne s'était rien passé, mais, une fois que l'émission de « 60 Minutes » avait eu lieu, il importait d'*effacer* l'idée qu'elle avait répandue. Protester, dans ces circonstances, que les journalistes avaient tort, c'était garantir d'avance l'échec du démenti.

Le constructeur aurait été mieux inspiré d'essayer de remplir le reste du vide. Pourquoi ne pas installer une Audi 5000 dans chaque centre commercial des Etats-Unis en invitant les curieux à y monter, à faire le « test de l'accélération subite » et à découvrir par eux-mêmes les performances de cette voiture ? Opposant ainsi une image positive à celle créée par l'émission de télé, Audi aurait pu lancer sa propre idée virus.

Internet était au départ un espace vide. Des entreprises comme Yahoo!, eBay ou Amazon.com n'eurent qu'à s'y engouffrer pour propager leurs idées à grande vitesse et à peu de frais. Aujourd'hui, par contre, il est assez difficile de lancer un nouveau moteur de recherche ou un nouveau service de courrier électronique. Pourquoi ? Parce que le vide a été comblé.

Considérons l'exemple du siège Aeron, très convoité de nos jours par les cadres supérieurs vedettes. En sortant ce fauteuil de bureau pneumatique et ultra moelleux, le fabricant, Herman Miller, inventa un marché auparavant inexistant. Pour une petite fortune, on pouvait soudain obtenir un siège qui donnait à son propriétaire un confort réellement supérieur, et pas seulement une allure d'importance au moment de mettre ses collaborateurs à la porte. L'Aeron est si remarquable qu'il a eu droit à un article à la « une » du *Wall Street Journal.*

Aujourd'hui, bien entendu, on n'a que l'embarras du choix en matière de sièges ergonomiques confortables et sympathiques. L'un des principaux rivaux de Herman Miller mise actuellement tout sur son fauteuil Leap. Les jeunes stratèges de ce concurrent, avec leur MBA en poche, ont calculé, après avoir analysé le succès de l'Aeron, qu'ils pouvaient prendre X % du marché. L'ennui, c'est qu'il n'y a plus de vide. Au lieu d'annoncer les bienfaits d'un siège superbement confortable du matin au soir, comme l'a déjà fait Herman Miller, les nouveaux arrivants doivent diffuser ce virus plus modeste et beaucoup moins contagieux : on serait légèrement mieux dans leur fauteuil que dans celui qui occupe déjà le marché.

Il reste sans doute des vides dans votre secteur d'activités. Mais plus pour longtemps…

Dès lors qu'une idée virus se propage, elle suit un cycle de vie. Que l'on s'en désintéresse et le virus s'éteindra à coup sûr. Que l'on nourrisse bien l'idée et on prolonge sa durée de vie de manière à en profiter pendant longtemps

Voilà près de vingt ans que Tom Peters a écrit, avec Robert Waterman, *le Prix de l'Excellence*. Grâce à un marketing assez astucieux (sans parler d'une contagion absolument géniale), ce livre prit les proportions d'une épidémie qui le transforma en best-seller record de l'histoire des ouvrages de management.

La carrière de Tom Peters aurait pu suivre la courbe qui est celle de l'immense majorité des grands auteurs dans ce domaine : une réussite éclatante, puis un long déclin et enfin l'éclipse. Mais loin de méconnaître le cycle de vie, Tom Peters a tenu à l'exploiter à fond.

Chose qu'il continue à faire aujourd'hui. Régulièrement, il déchaîne une nouvelle idée virus. Il écrit des articles époustouflants (comme « Brand called you », qui a fait la « une » de *Fast Company* il y a quelque temps), puis il enchaîne avec des livres et des tournées de conférences épuisantes dans le monde entier. Résultat : dans chaque ville qui l'accueille, le public est constitué pour un tiers environ de partisans inconditionnels. Et les autres ? Amenés par ces derniers, déjà exposés au virus, ils sont mûrs pour l'attraper.

C'est en tirant parti du crédit que lui a valu son premier livre que Tom Peters a pu se spécialiser dans le déclenchement d'idées virus. Certes, aucun de ses ouvrages ultérieurs n'a connu le même succès que *le Prix de l'Excellence*, mais il faut dire que le vide rétrécit de jour en jour et, avec lui, le champ des percées possibles.

Les idées et les entreprises qui ont disparu après avoir surfé quelques temps sur leur première vague sont légion. On ne se bouscule plus pour avoir le droit de danser le Hustle ou d'accéder à la boîte de nuit Studio 54. On ne se rue plus sur tel site Web utilisant le Jennicam, pas plus qu'on ne s'arrache les meilleures places de *Cats*. Où se situe l'erreur des « propriétaires » de ces virus ? Dans le fait d'avoir pressé le citron jusqu'à ce qu'il ne contienne plus une seule goutte de jus, alors qu'ils auraient dû mettre en place une méthode de développement, d'amélioration et de lancement de nouvelles idées virus pour remplacer celles qui s'essoufflaient.

Le marketing viral est une idée virus, mais toutes les idées virus ne relèvent pas du marketing viral

Le marketing viral est une déclinaison particulière de l'idée virus : le porteur du virus se confond alors avec le produit lui-même. Autrement dit, il s'agit d'une idée pour laquelle l'idée elle-même sert d'amplificateur.

Définition : Amplificateur

Une différence clé entre le bouche à oreille et l'idée virus est que le bouche à oreille s'éteint progressivement, tandis que l'idée virus s'amplifie. Comment ? Grâce à une force qui permet à une audience autrement vaste d'entendre le message. Celui-ci peut s'amplifier grâce à la télévision ou à un autre instrument médiatique (comme une critique élogieuse dans un journal très respecté), mais aussi en passant par la Toile (un site comme planetfeedback.com donnant une forte résonance au message d'un seul utilisateur).

Steve Jurvetson, le financier derrière Hotmail, a inventé l'expression *marketing viral* pour désigner le mode d'expansion extraordinaire de ce service. Courrier électronique gratuit : ces trois mots ont déjà constitué en eux-mêmes une offre commerciale assez alléchante. Mais la magie de cette entreprise réside dans cette petite annonce figurant au bas de chaque fiche d'envoi : « Disposez d'un compte de messagerie personnel et gratuit chez Hotmail, sur www.hotmail.com. »

Chaque fois que l'on envoie un courrier, on répand le virus. Le produit lui-même porte le message : voilà l'astuce. Plus on se sert de Hotmail, plus le virus se diffuse. Notons par ailleurs que cette messagerie offrait une facilité d'utilisation exceptionnelle. Il suffisait d'un clic pour disposer d'un service e-mail ; encore quelques clics et l'utilisateur était opérationnel... en même temps qu'il envoyait l'annonce intégrée de Hotmail à ses propres amis.

Hélas ! tout ne se prête pas au marketing viral. Le produit en question doit avoir une forte composante de communication ou une orientation très publique. La nouvelle Coccinelle de Volkswagen remplit ces conditions. Pourquoi ? Parce que plus on se promène dans cette voiture, plus il y a de gens qui la voient. Or, plus les gens voient de Coccinelles, plus ils ont envie d'en acheter. Cela ne s'entend pas ni ne présente la même facilité que Hotmail, mais que ce soit un phénomène viral ne fait pas de doute.

Nombre des meilleures idées sur Internet reposent à un certain niveau sur le marketing viral. Referrals.com, dont nous avons déjà parlé, donne une récompense considérable à ceux qui aiguillent leurs amis vers des postes importants à pourvoir. Mais recruter ces personnes, c'est aussi, cela va de soi, les mettre au courant de l'existence de Referrals.com.

Il ne faut pourtant pas se laisser obnubiler par le caractère magique ou la capacité de référencement automatique des exemples les plus brillants du marketing viral, car ils dessinent une catégorie à part. On imagine difficilement l'application de ce type de stratégie à la plupart des livres, par exemple. En revanche, la propagation virale de danses collectives comme le Hustle ou la Macarena mérite d'être signalée : on ne peut les pratiquer sans en apprendre les pas à ses amis !

Elaboration et diffusion d'une idée virus : les préliminaires

Avant de lancer une idée commerciale, il convient de se poser deux questions qui aideront à calculer les chances de la voir transformer en virus.

L'idée est-elle valable ?

Personne ne répandra votre idée pour vous rendre service. On ne le fera que si elle est frappante, stimulante, importante, rentable, drôle, affreuse ou belle. Dans le monde d'aujourd'hui, où le gagnant remporte toute la mise, il n'y a plus de place pour de bonnes imitations, encore moins pour des produits et des services insipides. Si l'idée ne fascine pas, elle ne deviendra jamais un virus.

Soyons clairs : le temps n'est plus où l'on rémunérait généreusement celui qui arrivait à l'heure, faisait un travail de qualité, savait se rendre utile, menait à bien ses projets sans dépasser le budget, bref, celui qui obtenait des résultats satisfaisants. Tout cela est désormais considéré comme le bagage indispensable plutôt que comme une option. Les récompenses (et les idées virus) appartiennent aujourd'hui à celui qui bouge le premier et le plus vite, qui se montre à la pointe, qui laisse tous les autres loin derrière.

Quelle est la plus grosse erreur que commettent nombre d'entreprises ? Elles se dégonflent. Si votre idée ne se transforme pas en virus, c'est vraisemblablement parce qu'elle n'en a pas l'étoffe. Ceux qui se définissent comme des marchands d'idées (mais a-t-on le choix de nos jours ?) doivent se rendre à l'évidence : la création courageuse et audacieuse d'idées est aujourd'hui la seule raison valable pour partir travailler le matin.

L'idée offre-t-elle de la facilité ?

Il y a peu de chances pour qu'un consommateur attrape le virus après y avoir été exposé une seul fois. Nos contemporains ont doté leur cerveau d'un blindage qui le rend imperméable aux idées. On vit dans un tel climat d'encombrement, de bruits et de choix infinis que l'immense majorité des idées passe inaperçue.

Pensez à la dernière fois que vous êtes entré dans une librairie (ce haut lieu des idées virus prêtes à se déclencher). Combien de livres ont attiré réellement votre regard ? Combien en avez-vous pris entre les mains ? Retourné ? Combien d'entre eux ont fini dans votre panier ? Combien en avez-vous lu ? Combien en avez-vous conseillé à vos amis ? Gageons que la réponse à toutes ces questions est la même : très peu.

Quel contraste avec le phénomène Harry Potter ! Les titres les plus vendus de ces dernières années doivent leur caractère viral aux enfants qui en ont parlé à d'autres enfants. Cas classique de l'idée virus qui se répand sans effort particulier de promotion de la part de l'éditeur.

Il est bien difficile de passer de la simple notoriété à la transaction effective, de convertir un inconnu en ami, puis l'ami en porteur de votre idée virus. Une idée réussit dès lors qu'elle perce le blindage naturel et fait mouche.

Dans la mythologie grecque, Méduse était la plus célèbre des Gorgones, ces êtres frappés d'une terrible malédiction. Tous ceux qui les regardaient dans les yeux se trouvaient aussitôt et définitivement pétrifiés. Or le marché actuel regorge de vendeurs qui rêvent de posséder ce même pouvoir maléfique : ainsi, toute personne qui poserait son regard sur leur annonce ou leur produit serait soudain clouée sur place, condamnée à être client à vie. (Bien sûr, nos entreprises ne souhaitent pas précipiter leurs clients dans une mort affreuse ni les statufier. Mais je n'ai pas pu trouver d'autre mythe grec sur une déesse capable de vous pousser à prendre une hypothèque de deuxième rang pour vous payer votre article de luxe préféré...)

Las ! il existe très peu de produits gorgones, et encore moins de campagnes de publicité aux effets gorgonesques. Il serait insensé d'imaginer qu'il suffit d'un seul message pour transformer un parfait étranger en adepte inconditionnel qui se dévoue à la cause de votre idée. Mieux vaut donc prévoir un travail de longue haleine, une méthode qui transporte le consommateur de sa position de départ à celle où vous voulez le voir. Cela ne ferait pas de mal non plus de perfectionner le produit. Plus il est fascinant, accrocheur, viral, plus il sera facile à vendre.

Il s'agit là de décisions critiques en raison du déficit d'attention auquel se heurte le marketing. Aux États-Unis, en 1986, l'année de publication de mon premier livre, environ 300 autres ouvrages de management sortirent en librairie. En 1998, on en dénombrait 1 778.

Le supermarché moyen reçoit à peu près 15 000 nouveaux produits par an. Le seul catalogue Levenger répertorie plus de cinquante stylos et crayons différents : aucun d'eux n'était disponible quelques années plus tôt. Quel que soit le marché considéré, on constate partout une saturation infiniment plus grande qu'il y a dix ans.

Dans un monde où chaque produit s'époumone pour se faire remarquer, la denrée la plus précieuse est l'attention. Et on a de plus en plus de mal à l'attirer.

Si vous comprenez déjà toute l'importance de la permission, vous poserez peut-être cette question : « Très bien, mais comment l'obtenir ? Comment décrocher ce premier *rendez-vous galant*, ce premier contact qui donne l'occasion de proposer une relation suivie au sujet de mes produits et des besoins de mon interlocuteur ? »

Autrefois, je répondais en marmonnant quelques mots sur les annonces rémunérées. Mais la réponse juste est, bien entendu, qu'il faut créer une idée virus. Il faut laisser le marché parler de vos produits et vous autoriser à entretenir le dialogue, sans que vous deviez repasser à chaque fois à la caisse. Il faut lancer des produits si dynamiques et si contagieux qu'ils vous valent spontanément l'attention tant convoitée.

Les trois leviers déterminants

Par où commencer ? Quels sont les éléments à privilégier pour mettre le turbo et doter votre idée d'une force virale ? Il convient d'aborder trois questions :

1. A quelle échelle lancer l'idée ?
2. Le lancement est-il facile ?
3. Comment passer de l'essai à la persistance ?

1. Combien de personnes sont au courant de l'idée avant sa diffusion ?

On peut prévoir un lancement grandiose ou modeste. Vindigo (phénomène viral dont nous reparlerons plus longuement) lança son virus Palm auprès de cent personnes seulement. Au bout de quelques semaines, elles étaient trois mille, puis plus de cent mille. Tout cela sans publicité. Si, en revanche, vous jetez votre dévolu sur un vide alors que de nombreux concurrents se profilent déjà à l'horizon, le lancement à grande échelle, bien que plus coûteux, améliore vos chances de réussite.

Comment mener un tel lancement ? En pratiquant l'Interruption Marketing traditionnel. En rémunérant des célébrités pour vanter les mérites de votre produit. En distribuant des échantillons gratuits. Il n'est guère de stratégie de marketing plus idiote que de dresser des barrières artificielles à la découverte du produit. Voulez-vous empêcher une nouvelle voiture de se vendre ? Rien de plus simple : il suffit de facturer 100 Euros à tous ceux qui demandent de faire un essai de route. Ce serait comme si un candidat politique faisait payer le droit d'écouter ses discours, ou si un studio de cinéma demandait un supplément pour le privilège de regarder ses bandes-annonces. Quand on lance une idée virus, plus il y a de monde qui la voit rapidement, plus vite elle se propagera.

2. L'importance de la facilité

Une idée virus se propage le plus vite lorsqu'elle offre, outre la persistance et un côté épatant, une grande facilité de diffusion. La persistance compte, parce que plus les éternuements à partir de votre idée se prolongent, plus la contagion sera forte. Quant au côté épatant, il est indispensable : une idée sans potentiel viral ne décollera jamais. Mais on ne saurait non plus sous-estimer le rôle de la facilité, puisqu'un virus conçu d'emblée pour voyager sans difficulté a de bonnes chances d'y parvenir. Dans le marketing viral (pour des produits comme le Polaroid ou Ofoto.com) la solution idéale consiste à intégrer des outils de transmission à l'idée même. Défi redoutable… mais ce n'est pas une raison pour renoncer à le relever. Amazon.com tenta le coup avec des promotions visant à soudoyer les adhérents pour inciter leurs amis à passer commande à la librairie en ligne (« 5 dollars pour vos amis, plus 5 dollars pour vous ! »). ZDNet met, pour sa part, une petite case à côté de toute histoire publiée sur son site : « Cliquez ici pour envoyer cet article à un ami. » C'est cela, la facilité.

Enfin, Tupperware a bâti tout un empire sur le principe de la transmission de l'enthousiasme entre connaissances. Organiser une soirée

Tupperware, c'est tout à la fois vous retrouver avec des amis, leur montrer des produits qui vous plaisent et recruter de nouveaux propagateurs. Dès lors qu'on met l'accent sur la facilité, on donne un puissant coup de fouet à l'idée.

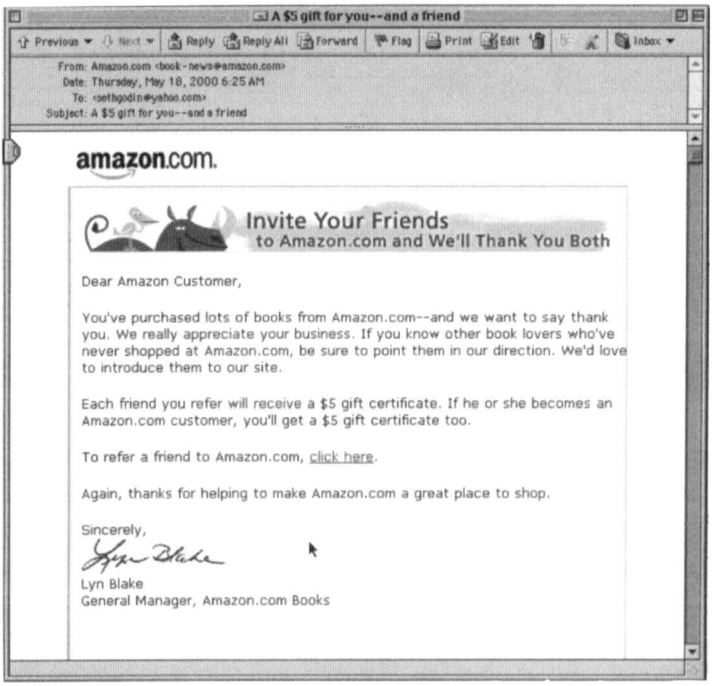

3. Passer de l'essai à la persistance

Il faut, à un moment donné, dépasser le stade de l'attention momentanée pour accéder à celui de l'adhésion, puis, avec un peu de chance, à celui où l'utilisateur commence à éternuer pour votre compte.

Le Permission Marketing se révèle un outil indispensable à la réussite de cette transition. Les membres de la secte Hare Krishna ont recruté massivement grâce à leur pratique consistant à inviter des individus à les accompagner dans un repas végétarien. Mus par la curiosité ou tout simplement par la faim, ceux-ci leur accordent momentanément leur attention et, ensuite, la permission de leur parler de cette nouvelle façon de vivre.

Certains convives se contentent de repartir aussitôt terminé le repas. Mais d'autres écoutent bien les propos qui leur sont tenus et décident de souscrire aux idéaux avancés. Et quelquefois, les nouveaux convertis assument le rôle de contaminateurs qui s'occupent de trouver d'autres invités pour le prochain dîner.

Notons qu'il ne s'agit pas d'aborder des inconnus pour faire tout de suite du prosélytisme. Les membres de la secte appliquent plutôt une technique de vente progressive qui donne un caractère viral à leur idée. D'ailleurs, existe-t-il une seule religion qui ne soit pas un virus ? Certes, les Shakers, protestants radicaux d'autrefois, étaient loin de la contagion délibérée et s'abstenaient de la démarche proactive pratiquée par tant d'autres sectes. C'est bien pour cela qu'il reste si peu de Shakers sur Terre.

Dans le domaine d'Internet, cette nécessité de procéder par étapes échappe à beaucoup d'entreprises qui doivent faire face à des pressions financières immédiates (qui viennent exacerber la tendance proverbiale des entrepreneurs à la distraction). Là où il faudrait inventer un produit épatant à fort potentiel viral, repérer une ruche et lancer une idée alliant facilité et persistance, elles se bornent à consacrer quelques millions d'Euros à la publicité.

Elles espèrent, bien sûr, que cette dépense colossale les dotera, comme par magie, de la masse critique d'énergie positive nécessaire à la contagion à grande échelle. Mais cette recherche d'un raccourci ne fait que les condamner à l'échec. Le développement d'un virus demande de l'intuition, du talent et, avant tout, de la patience.

Imaginons que tel consommateur soit suffisamment intéressé pour visiter ZDNet, Google.com ou une autre nouveauté sympathique de la cybercommunication. Comment ces sites devraient-ils s'y prendre à partir de là pour propager encore plus leur virus ?

On peut identifier trois éléments :

1. Il faut obtenir la permission de poursuivre la relation, en aidant l'utilisateur à saisir l'intérêt à long terme qu'il aurait à adhérer à l'idée. Toutes vos annonces permettent certes d'attirer une foule de visiteurs sur votre site, mais chaque visite risque de coûter jusqu'à 100 Euros en frais de marketing. Et si elle ne débouche par sur le consentement à un dialogue suivi, c'est de l'argent gaspillé.
2. Multipliez les manifestes complémentaires sous toutes les formes afin de transformer les sceptiques en zélateurs : recommandations de célébrités, dossiers de presse, voire critiques et objections. Repensez aux repas des Hare Krishna. Plus ils peuvent vous présenter au cours d'une heure, plus vous êtes susceptible d'attraper le virus.
3. Facilitez le propagation du virus en fournissant une multitude d'outils qui permettent de communiquer avec les amis ainsi que des récompenses pour ceux qui acceptent le rôle de contaminateur.

Treize questions pour lesquelles les auteurs d'idées virus ont besoin d'une réponse

1. Avons-nous choisi une ruche que nous sommes capables de dominer ?
2. Quelles sont les chances pour que les contaminateurs efficaces adoptent notre virus ?
3. Comment savoir qui sont les contaminateurs efficaces et comment les contacter ?
4. Comment augmenter le potentiel viral de notre produit ?
5. Sommes-nous prêts à récompenser suffisamment les contaminateurs erratiques pour les gagner à notre cause ?
6. Avons-nous une idée claire du message qu'ils devraient transmettre ? Que faisons-nous pour le leur apprendre ?
7. Même si notre produit n'a pas en soi un caractère viral, serait-il possible d'y incorporer des éléments supplémentaires de marke-

ting viral (ou de les incorporer à notre stratégie commerciale d'ensemble) ?

8. Savons-nous gagner la permission de ceux que le virus a touchés ? Savons-nous ce qu'il faut dire une fois cette permission accordée ?
9. Le virus se transmet-il avec facilité ?
10. Notre offre a-t-elle de quoi épater la ruche ?
11. Disposons-nous du temps et des moyens requis pour dominer cette ruche avant que d'autres ne s'engouffrent dans le vide ?
12. Avons-nous intégré à notre produit des boucles multiples de feedback pour permettre de modifier le virus au fur et à mesure de sa progression ?
13. Avons-nous identifié le vecteur que nous voulons voir emprunter le virus, et avons-nous mis au point les outils et les dispositifs nécessaires pour l'y maintenir ?

Cinq moyens de déclencher une idée virus

L'élément le plus important à garder en tête quand on déclenche une idée virus est qu'*il faut s'imprégner dès le départ de cet état d'esprit.* Si le but est de créer un phénomène viral autour d'un produit déjà existant, la tâche s'annonce évidemment plus difficile. Les idées derrière les succès les plus fulgurants de ces dernières années tiraient leur efficacité de cette intégration préalable du concept viral. C'est en partie pour cela d'ailleurs que tant d'entreprises bien installées ont du mal à se retrouver dans la Nouvelle Économie : les normes et les systèmes adoptés il y a plusieurs années les entravent.

Voici donc ces cinq moyens, énumérés selon leur force commerciale brute :

1. Jouez à fond la carte virale. Plus vous l'utilisez, plus vous en vendrez (que vous le vouliez ou non). L'utilisation du produit se confond en fait avec sa commercialisation.

2. Rémunérez les contaminateurs erratiques.
3. Facilitez la tâche aux contaminateurs efficaces.
4. Amplifiez le bouche à oreille par voie numérique.
5. Soyez altruiste : récompensez les amis des contaminateurs erratiques.

1. Jouez à fond la carte virale

C'est la pierre de touche du marketing viral. Le plus beau de l'affaire, c'est qu'un virus bien conçu pousse comme de la mauvaise herbe et permet de dominer le marché... à condition que l'on s'y mette avant la concurrence.

Si Polaroid et Hotmail sont les stars du viral, il y a d'autres acteurs qui méritent eux aussi d'être cités :

Blue Mountain Arts a fait œuvre de pionnier dans le domaine des cartes de vœux électroniques. Pas besoin d'être diplômé d'une grande école pour comprendre leur virus : toute carte de vœux doit, pour réussir, avoir un destinataire. Et, bien sûr, dès que quelqu'un la reçoit et qu'elle lui plaît, il n'a qu'à appuyer sur la souris pour la réexpédier !

Le virus a pris, malgré le fait que même l'observateur le plus charitable aurait qualifié de « ringard » le produit proposé par Blue Mountain Arts. Les internautes commencèrent à se dire que ce serait drôle d'envoyer des cartes de vœux électroniques à leurs amis, et l'idée se répandit comme une traînée de poudre. L'entreprise avait démarré petite, sans publicité véritable, et le premier lot de cartes n'eut qu'une poignée d'expéditeurs.

C'est alors que la magie du marketing viral entra en scène. Imaginons que chaque utilisateur envoie une carte à cinq destinataires, et qu'il y a une chance sur deux pour que ceux-ci trouvent suffisamment d'intérêt au concept pour se rendre sur le site et expédier à leur tour la carte à cinq de leurs amis. Si l'on part de l'hypothèse d'un premier cercle de dix participants, on obtient la progression suivante :

Dix personnes envoient 50 cartes...

... ce qui transmet le virus à 25 personnes, qui envoient 125 cartes...

... ce qui transmet le virus à 63 personnes, qui envoient 315 cartes...
... ce qui transmet le virus à 162 personnes, qui envoient 810 cartes...
... ce qui transmet le virus à 405 personnes, qui envoient 2 025 cartes...

Cela peut certes paraître assez lent comme démarrage. Mais supposons que chaque « génération » ne prenne que trois jours pour se réaliser (j'envoie dix cartes et, au bout de trois jours, cinq amis se présentent pour en faire de même) : on aboutit, au bout de cinquante-huit jours, à 58 millions d'utilisateurs !

En réalité, on le sait, il n'en va pas ainsi. Il est très peu probable que l'on continue d'obtenir un taux d'adoption de 50 %. Qui plus est, des recoupements finiront fatalement par se produire, certaines personnes recevant des cartes de plusieurs expéditeurs. Mais il n'empêche que le potentiel de cette croissance exponentielle a de quoi vous couper le souffle.

Le facteur clé est le pourcentage des destinataires qui adhèrent au système. Si, dans l'exemple de Blue Mountain Arts, on l'abaisse de 50 % à 30 %, le nombre d'utilisateurs à l'issue de la même durée plonge de 58 millions à moins de 10 000. D'où l'importance du taux de « conversion ».

La lutte entre Hallmark et Blue Mountain Arts sur ce créneau a quelque chose de fascinant. Hallmark et American Greetings, l'un et l'autre producteurs traditionnels de cartes de vœux, n'ignoraient pas le potentiel d'Internet. Mais, incapables d'imaginer un monde où les cartes de vœux ne coûtaient rien, ils ont décidé de facturer celles qu'ils lançaient en ligne.

Résultat : aucun virus ne s'est propagé à partir du site de Hallmark. Tous ceux qui, enchantés par une carte qu'ils avaient vue, visitaient le site dans l'intention d'en envoyer, découvraient que le service était payant. Ils n'adhérèrent pas, le taux de conversion tomba en dessous du chiffre magique et le virus ne contamina personne.

Pour calculer le chiffre magique, il suffit de multiplier le nombre de cartes envoyées par l'utilisateur moyen (dans l'exemple de Blue

Mountain Arts, cinq) par le pourcentage des destinataires qui adhèrent (50 %). C'est, dans ce cas, 2,5, qui représente le taux de croissance de chaque génération par rapport à la précédente. Or, si le chiffre magique ne dépasse pas 1,2 ou 1,3, le produit aura du mal à devenir « virulent » suffisamment vite pour devancer la concurrence.

C'est en donnant la priorité à la facilité (il suffit de cliquer trois fois pour envoyer gratuitement une carte ; on ne perd rien à essayer), Blue Mountain Arts a mis en place une formidable machine à prosélytisme. Du coup, son site a connu un essor ininterrompu jusqu'au jour où Excite l'a racheté en échange de près d'un milliard d'Euros d'actions. Quel qu'ait pu être le but des fondateurs de ce site – s'enrichir, toucher beaucoup de monde ou propager partout leur idée –, ils ont brillamment réussi.

Hallmark et American Greetings ont enfin compris. Ils se sont mis, ainsi que Yahoo! et d'autres entreprises, à offrir des cartes de vœux gratuites. L'ennui, c'est qu'il n'y a plus de vide. De ce fait, leur idée virus ne peut se propager aussi vite et leur chiffre magique est bien plus faible que celui dont Blue Mountain Arts a bénéficié à son apogée (le chiffre baisse inéluctablement à mesure que le nombre d'individus restant à toucher approche de zéro).

Ofoto.com offre un autre exemple intéressant du marketing viral. C'est la réponse Internet aux photo services : au lieu de déposer votre pellicule à la boutique du centre commercial, vous envoyez les fichiers de votre caméra numérique à Ofoto.com et vous en recevez en retour un tirage superbe. C'est une performance impressionnante, mais la faire connaître par les voies du marketing traditionnel demanderait des sommes d'argent que nul ne serait capable de réunir. Kodak consacre 100 millions d'Euros par an à la publicité (encore après cent ans de pratique publicitaire). Outre le climat de saturation dont souffre notre société, il n'y a tout simplement pas de canaux qu'Ofoto.com puisse utiliser pour transmettre facilement, rapidement et à un coût raisonnable son message à la ruche cible : les amateurs de la photographie numérique.

C'est pourquoi Ofoto.com a aussi lancé un album de photos numériques qui vous permet d'afficher gratuitement vos photos numériques préférées sur Internet et d'inviter vos amis à les admirer. Car n'oublions pas l'essentiel : un album de photos numériques que personne ne regarde ne vaut pas un clou ! Ainsi, une fois que vous avez téléchargé vos photos sur le site, vous devez convaincre vos proches et vos amis d'y faire un tour. Vous vous transformez donc en instrument de marketing numéro un d'Ofoto.com.

Mettons que vous ayez pris des photos de l'équipe de foot de votre fils. Vous les téléchargez, puis vous indiquez l'adresse du site à tous les autres parents. Certains d'entre eux en seront tellement contents qu'ils cliqueront au bon endroit pour en commander un tirage. Et voilà qu'Ofoto.com a un nouveau client. La nouveauté, c'est que le contenu n'est pas le fait de celui qui achète la photo. Kodak ne peut jamais en dire autant.

Il y a encore mieux : certains de ceux qui regardent les photos de l'équipe se rendront compte qu'ils aimeraient eux aussi pouvoir afficher des photos pour leurs amis. C'est de cette façon que le témoin est passé et qu'Ofoto.com ajoute un photographe supplémentaire à sa liste sans cesse croissante.

Soulignons que ce site obtiendra à coup sûr un taux de conversion inférieur à celui de Blue Mountain Arts, car il ne peut compter sur la même facilité. Pour faire savoir que vous avez affiché la photo de quelqu'un, il faut prendre contact avec la personne, qui doit ensuite s'installer à un ordinateur pour la visionner. On est loin du fonctionnement entièrement électronique de Blue Mountain Arts. L'utilisateur qui veut acheter un tirage est obligé d'aller sur le site, de taper son nom et son adresse... et de payer. Celui qui veut télécharger ses propres photos doit connaître la manipulation des fichiers de téléchargement à partir de son appareil photo numérique, faute de quoi il faut poster la pellicule à Ofoto.com pour la faire développer.

Mais en dépit de ces inconvénients, Ofoto.com a obtenu un chiffre magique très nettement positif, à en juger par les 500 000 personnes qui l'ont utilisé après moins de douze semaines d'existence.

Le lecteur averti aura probablement remarqué la différence capitale entre ce site d'une part et Hotmail et Blue Mountain Arts d'autre part. Ces deux derniers sites fonctionnent selon le mode du référencement automatique, puisque le virus se propage à chaque utilisation du produit, *que l'utilisateur le souhaite ou non.* Quand on commence, par exemple, à se servir de Hotmail, la signature de l'entreprise figure automatiquement dans tous les messages envoyés. Cela ne relève pas d'un choix (même si l'on peut demander explicitement qu'elle soit retirée). Dans le cas de Blue Mountain Arts, la symbiose entre produit et marchand est encore plus prononcée. La carte de vœux étant en elle-même un outil du marketing, le simple fait de l'envoyer contribue à la promotion du site.

Rien de tout cela chez Ofoto.com. On peut très bien s'en servir pour développer, trier et stocker ses photos, sans jamais conseiller ce site à personne.

De toute évidence, on obtient un chiffre magique élevé dès lors que l'élément marketing est bénin et totalement intégré à l'offre, car la symbiose est très rentable. Le produit atteint une efficacité à cent pour cent, et chaque utilisateur contribue à l'effort commercial. Mais attention : cela ne marche que pour une petite catégorie de produits et de services… dont le vôtre risque de ne pas faire partie.

Pourquoi avoir consacré autant d'espace à démontrer que le marketing viral n'est qu'une déclinaison particulière du marketing à idée virus ? Parce que, si peu d'entreprises pourront un jour récolter tous les fruits d'une campagne de marketing viral, le lancement d'une idée virus est à la portée de beaucoup de monde.

2. Rémunérez les contaminateurs erratiques

Rétribuer des contaminateurs efficaces afin de les convaincre de contaminer leur entourage de façon systématique, tout en concervant leur crédibilité, demande des talents de funambule. Mais si l'on y parvient, il y aura peut-être des milliards à la clé. Certains parlent à cet égard de « marketing de réseau » ou de « vente par réseau coopté ». D'autres préfèrent l'assimiler au système de recommandation par des célébrités dûment rémunérées. Mais il peut aussi s'agir d'un acte aussi banal que d'attirer de nouveaux clients au club de remise en forme que l'on fréquente soi-même.

Le principe est très simple : si votre recommandation contribue à l'expansion de mon activité, je veux bien vous la payer.

Les modalités concrètes varient énormément d'une entreprise à l'autre. Lorsque Nike donna des millions de dollars à l'université Duke pour contraindre les joueurs de l'équipe de basket universitaire à porter exclusivement ses chaussures sur le terrain de jeu, le fabricant transforma ce groupe de contaminateurs d'une autorité considérable en groupe de contaminateurs erratiques. Car il y avait fort à parier que les supporters s'achètent des Nike par désir de ressembler à leurs héros.

La technologie d'Internet se prête naturellement à la personnalisation de ce modèle. Le programme d'affiliation d'Amazon.com, qui reverse à l'adhérent un pourcentage fixe du chiffre d'affaires réalisé grâce à ses recommandations, en est un bon exemple.

Si vous vous rendez sur le site www.permission.com, vous trouvez au bas de la page un lien hypertexte qui permet d'acheter un exemplaire de *Permission Marketing*. Un seul clic dessus vous bascule sur le site de Barnes & Noble ou d'Amazon.com, et même sur la page où se vend mon livre. Les deux libraires me donnent une commission sur chaque vente.

Vous ai-je aiguillé vers Amazon.com tout simplement pour toucher ma prime ? Pas du tout. Cela ne m'apporte rien de vous conseiller une librairie où vous n'effectuerez pas d'achat, car je n'aurais dans ce cas ni commission, ni vente supplémentaire. Si je vous recommande Amazon.com, c'est sur la base d'une supposition : vous avez peut-être déjà souscrit au système des « courses à clic unique », ce qui améliore mes chances de vente. Je vous donne également l'option de passer par Barnes & Noble, sachant que son programme d'affiliation n'a rien à envier à celui d'Amazon.com et que certains de mes lecteurs préféreraient s'y approvisionner. Cela dit, la perspective de toucher une commission a bel et bien influencé ma décision, de la même façon qu'elle a déjà incité des centaines de milliers de particuliers et d'entreprises à établir des liens avec leurs livres favoris chez ces deux grands libraires en ligne.

Cette stratégie s'avère beaucoup moins risquée que celle de Nike. Le fabricant de baskets est dans l'ignorance totale quant au nombre de consommateurs qui achètent ses chaussures du fait de les avoir vues aux pieds des joueurs de Duke. En outre, il doit payer d'avance le prix de cette recommandation, et sans possibilité de remboursement en cas d'échec de la campagne. Amazon.com et d'autres praticiens des programmes d'affiliation profitent, eux, de la puissance d'Internet pour instaurer un fonctionnement sans inconvénients ni perdants. Mettre en place un lien d'affiliation ne vous prend que quelques minutes et ne vous coûte rien. Si cela marche, vous gagnez de l'argent. Sinon, ce n'est pas grave. Et Amazon.com ne débourse pas un sou.

Ce sont les avantages de ce modèle de risque qui expliquent la floraison actuelle des programmes d'affiliation. BeFree.com, premier fournisseur de services aux marchands acquis à cette démarche, utilise l'expression « Performance Marketing ». A ce jour, il a répertorié deux cent trente-cinq sites Web proposant un programme d'affiliation.

S'il peut paraître intéressant de gagner un Euro ou deux sur chaque transaction (à condition, bien sûr, d'en effectuer quelques milliers par mois), certaines entreprises suivent une tout autre voie. Woody Chin, fondateur de Referrals.com, se targue d'avoir trouvé le moyen de modifier le mode d'interaction de ceux qui cherchent un emploi ou qui se livrent à d'autres formes de commerce « B-to-B ». Au lieu de verser une commission de 5 Euros pour 100 Euros de chiffre d'affaires, il paie entre 1 000 et 5 000 Euros cette denrée rare que l'on appelle une recommandation.

Comment s'y prenait-on, avant l'existence de ce site, pour pourvoir un site vacant ? On faisait appel aux services d'un chasseur de têtes professionnel en lui proposant l'équivalent du tiers du salaire annuel négocié, mais seulement en cas d'embauche effective de son postulant. Il n'était donc pas rare que cela lui rapporte jusqu'à 20 000 Euros.

Aiguillonné par cette perspective de gain, le chasseur de têtes décrochait son téléphone et se mettait fébrilement à la recherche de candidats, suppliant tous ses contacts de voler à son secours. Ces derniers ne tiraient pourtant pas d'avantage tangible de leur collaboration, sauf éventuellement le crédit moral que pourrait leur valoir le fait d'avoir aidé un ami à trouver un emploi.

Or Woody Chin ambitionne de mettre fin à cette situation. Avec Referrals.com, le responsable du recrutement fait parvenir une description du poste à ceux qui sont, à son avis, susceptibles de connaître des candidats prometteurs. Les destinataires de la demande peuvent être des acteurs du secteur d'activités concerné, des figures bien placées dans l'entreprise en question ou des super-agents (ce dernier rôle étant à la portée de tous, comme nous le verrons). L'essentiel, c'est que les recommandations émanent d'individus que le responsable du recrutement estime doués de discernement. Celui-ci indique dans sa demande la prime qu'il accepte de payer et les frontières du champ dans lequel la recherche doit se réaliser.

L'aspect le plus fascinant est que Referrals.com établi d'emblée une limite à l'idée virus ! Ses stratèges ne veulent pas d'une recherche de candidats qui parte tous azimuts en passant à l'infini d'un copain à l'autre, et c'est pourquoi ils ont dressé des barrières artificielles. Cela permet à l'entreprise demandeuse de se concentrer sur une ruche particulière, sans courir le risque de voir l'effort de recrutement englober la population tout entière. Internet a donc fait d'une activité qui aurait pu prendre le chemin du marketing de réseau une idée virus hautement contrôlée.

Celui qui contribue aux recommandations peut s'inscrire comme « super-agent ». A partir de là, les évaluations de ses performances sont mises à la disposition des DRH et autres responsables du recrutement qui sollicitent de l'aide. Et, bien sûr, on réserve au super-agent la primeur des nouveaux postes à pourvoir.

Imaginons qu'une société recherche un directeur technique et qu'elle est prête à payer 5 000 Euros en cas d'embauche. Mettons par ailleurs qu'elle n'accepte que de descendre deux niveaux sur l'arbre du recrutement. C'est alors qu'intervient le super-agent en envoyant un courrier électronique à cinq personnes qui ont, à son avis, le profil recherché. Que l'une d'elles prenne le poste et le super-agent empoche 5 000 Euros en échange de cinq e-mails.

Il se peut qu'aucun des destinataires ne s'intéresse à l'offre mais que l'un d'eux connaisse une personne susceptible de convenir. Dans ce cas, il réachemine aussitôt le message, qui atterrit sur le bureau du candidat idéal. Si celui-ci décroche le poste, le super-agent et son premier contact partagent le butin.

Et voilà que, du jour au lendemain, on a monétisé le bouche à oreille ! Referrals.com pourrait donner naissance à toute une classe de super-agents dont la seule activité consiste à trouver des candidats grâce au fonctionnement en réseau. Au fond, cela permet à tout le monde ou presque de se positionner comme chasseur de têtes rémunéré pour les seuls dossiers aboutis. (Non, je n'ignore pas la piètre opinion que vous avez des chasseurs de têtes. Mais dites-vous bien que, compte tenu du rayon d'action modeste de chaque super-agent, le risque de le voir reproduire les pires comportements du métier demeure somme toute assez faible !)

Mais, à l'évidence, l'affaire ne s'arrête pas là. Car si ce système marche pour le recrutement, il pourrait aussi s'appliquer à la recherche de clients pour les croisières, voire au marché de l'immobilier. Si tout le monde pouvait agir en agent immobilier touchant sa commission sur chaque vente, la vie sur Internet prendrait encore plus d'attrait. Et si la Toile réussissait à monétiser des transactions auparavant aléatoires (comme l'a fait eBay pour les vide-greniers), cette fonction pourrait devenir la *killer app* de ce moyen de communication.

La formule de Referrals.com marche-t-elle ? Je n'en ai aucune idée, car elle vient d'être lancée. On ne sait pas pour le moment si les « erratiques » l'emporteront sur les « efficaces » au point de polluer tout le système. On ignore également la vélocité de diffusion et la longévité de ce virus précis. Mais une chose ne fait guère de doute : le modèle actuellement en vigueur – où le chasseur de têtes harcèle les contaminateurs efficaces afin de pouvoir, en substance, voler leur carnet d'adresses – finira par céder la place à quelque système nouveau.

Alladvantage.com a préféré miser sur la vente par réseau coopté.

Tous ceux qui s'inscrivaient au service touchaient une commission en fonction du chiffre d'affaires réalisé grâce aux personnes qu'ils avaient recrutées, et ainsi de suite. Le site démarra en trombe, avec des millions d'utilisateurs enregistrés dans un délai très court. Mais, à en croire le *Wall Street Journal*, ses animateurs découvrirent au bout d'un moment que, tout compte fait, ils récompensaient peut-être trop généreusement cette myriade de contaminateurs erratiques pour rentrer dans leurs frais. Ils annoncèrent donc une modification du barème de paiement.

Comme on pouvait s'y attendre, leurs contaminateurs les plus importants crièrent au scandale. Et effectivement, quand vous payez les gens pour vous faire de la publicité, il ne faut pas vous étonner qu'ils s'intéressent essentiellement à la rémunération qu'ils peuvent en tirer. Ni, surtout, qu'ils vous tournent le dos dès que celle-ci diminue.

La vente par réseau coopté a mauvaise presse auprès des contaminateurs efficaces. Pourquoi ? Parce qu'elle leur demande au fond de faire abstraction de leur opinion véritable afin de pouvoir toucher un pactole dans un avenir lointain. Ce choix peut se justifier du point de vue de l'individu, mais il a quelque chose de gênant quand il s'adresse à ses amis personnels. Car dans leurs rapports avec lui, ils ne se trouvent plus sur un pied d'égalité. « A » profite de sa relation avec « B » pour le pousser à acheter un produit qui ne correspond pas forcément à ses besoins. Si « B » y consent, « A » en empoche les dividendes, alors que, inévitablement, « B » en tirera un bénéfice moins important quand ce sera son tour. Si, au contraire, il résiste à cette sollicitation, leur amitié risque d'en pâtir.

Ce système peut fonctionner à merveille à condition que les faces de la pyramide soient suffisamment raides pour permettre de rémunérer correctement jusqu'aux derniers participants. Mais dans la plupart des cas, il évoque plutôt la tactique de la terre brûlée, ne laissant derrière lui que des déceptions en cascade, celles des amitiés brisées et celles des promesses de gain non tenues.

A ce jour, très peu d'entreprises, sur Internet ou ailleurs, ont trouvé le moyen de construire une activité importante et durable à partir du marketing de réseau. Et celles qui y sont parvenues – Rexall, Amway, éventuellement Alladvantage.com – doivent à présent redoubler d'efforts pour vaincre la mauvaise réputation que leur a value cette orientation.

3. Facilitez la tâche aux contaminateurs efficaces

Une façon particulièrement astucieuse de tirer parti de la tendance croissante des consommateurs à s'insérer dans de denses réseaux consiste à repérer les acteurs les plus puissants d'une ruche et à faciliter la communication entre eux au sujet des idées virus. Aux débuts des sites Web fournisseurs de contenus, les animateurs rechignaient beaucoup à faire circuler leurs articles. Certains ont été jusqu'à empêcher tout copier-coller d'un passage de texte. Ils craignaient de ne plus attirer un seul visiteur dès que quelqu'un aurait fait une première copie.

Mais ils ne tardèrent pas à apprendre que plus on facilite le partage des informations, plus les utilisateurs ont tendance à en parler à leurs amis. Et qu'il est probable que le visiteur qui a lu un article sur le site revienne en lire d'autres. ZDNet.com est l'un des premiers sites que j'ai vus fonctionner ainsi. Au terme d'une promotion que Yoyodyne, entreprise dont je faisais autrefois partie, réalisa pour ce site, il s'avéra que plus de 20 % des internautes exposés à un texte au contenu passionnant l'avait réexpédié à un ami.

Fast Company, magazine consacré au lancement des start-ups, ne procède pas autrement. Le visiteur du site www.fastcompany.com. découvre l'index des articles que son cofondateur Bill Taylor a rédigés pour la revue. Ils sont tous là, en version intégrale, à lire gratuitement. Mais le côté le plus ingénieux de cette idée virus en herbe est la case au bas de l'écran qui porte cette inscription : « Cliquer ici pour envoyer cette page à un ami. » Vous tapez votre adresse e-mail puis celle de votre ami, et l'affaire est réglée. Si les articles de Bill Taylor contiennent des idées ayant un fort potentiel viral, le site de la revue contribue incontestablement à le réaliser.

Inside.com, qui propose l'abonnement à son site Web et à sa newsletter de médias en ligne au prix de 200 Euros, se réjouit de voir ses abonnés envoyer ses articles coûteux à leurs connaissances. En fait, une grande case prévue à cet effet figure à la fin de chaque article, et ce pour une raison évidente : celui qui en a lu un accepterait peut-être de payer pour pouvoir en lire d'autres. Il suffit que quelques-unes des idées présentées se propagent de façon virale pour que la vente d'abonnements devienne une affaire nettement plus lucrative. Au fond, Inside.com espère que ses lecteurs se chargeront du marketing en diffusant les idées à potentiel viral et en attirant de ce fait de nouveaux clients payants.

4. Amplifiez le bouche à oreille par voie numérique

Il s'agit ici de porter un regard neuf sur les transformations fondamentales en cours et de comprendre en quoi le bouche à oreille se distingue de l'idée virus.

Autrefois, si j'étais enchanté par un film, j'en parlais à un ami ou deux. Mon avis finissait probablement par influencer entre trois et six personnes. Les livres sur ce sujet ne manquent pas et, de toute façon, les spécialistes du marketing sont de tout temps fascinés par le potentiel du bouche à oreille. Or, malheureusement, sans amplification, le bouche à oreille s'éteint le plus souvent.

Aujourd'hui, quand un film me plaît, je peux afficher mon point de vue sur toute une série de sites Web consacrés au cinéma, ou le transmettre par courrier électronique à dix amis (qui le réexpédieront chacun à dix autres personnes). Puis, dès la sortie de la cassette vidéo, je n'ai qu'à mettre ma critique sur Amazon.com, où des centaines ou même des milliers d'internautes auront l'occasion de la lire. Sinon, à l'aide d'un service comme Epinions.com, je peux rechercher en ligne des opinions sur tout, depuis les motos jusqu'aux villages de vacances.

Considérons les aspects les plus sympathiques du bouche à oreille numérique :

- Il offre une grande persistance. Contrairement aux propos tenus devant le distributeur de café ou par téléphone, un avis présenté sur un forum de discussion, sur Epinions.com ou sur Amazon.com est éternel.

- Il circule à une vélocité impressionnante. Le nombre de rides que mon caillou produit quand je le lance dans la mare de l'opinion publique est beaucoup plus grand sur Internet. Si je vous dis du bien de ma voiture en personne, plusieurs mois peuvent s'écouler avant que nous n'abordions de nouveau ce même sujet, alors que, sur la Toile, des discussions se déroulent vingt-quatre heures sur vingt-quatre, et la « discussion » qui se trouve sur une page Web en est précisément la raison d'être. On assiste de ce fait à une progression géométrique des interactions.

- Il bénéficie d'une crédibilité accrue. C'était au départ le contraire. Les tuyaux anonymes sur les titres à acheter en Bourse ou toute autre recommandation transmise sur Internet suscitaient une grande méfiance. On soupçonnait le contaminateur d'être une taupe grassement payée ou, pire encore, un individu n'ayant aucun goût. Mais aujourd'hui, on peut, grâce à des systèmes d'évaluation et à la présence de contaminateur efficace, savoir dans quelle mesure ses propres goûts coïncident avec ceux du contaminateur. La crédibilité ne pose plus dès lors de problèmes.

Amazon.com a récemment entrepris d'évaluer les auteurs des critiques ! Une visite au site www.amazon.com.exec.obidos.tg/cm/member-reviews/-AFVQZQ8PW0L/102-7235345-2994554 m'a appris qu'une dénommée Harriet Klausner est classée en tête des critiques.

Cette bibliothécaire à la retraite a écrit plus de cinq cents comptes rendus et a été plébiscitée par plus de 5 000 internautes qui partagent son goût. Si Harriet Klausner a aimé le même livre que vous, vous aurez certainement tendance à ajouter foi à ses remarques futures.

5. Soyez altruiste : récompensez les amis des contaminateurs erratiques

Il y a quelques années, un grand cuisinier de Chicago décida de sauter le pas en ouvrant son premier restaurant. Conscient de la nature hautement concurrentielle de son marché, il fit un choix qui créa l'événement : il refusait de réserver ses tables à des inconnus. Le restaurant n'ouvrait jamais ses portes au grand public. Tous ceux qui voulaient manger aux Nomades devaient d'abord adhérer. Et en quoi consistait l'adhésion ? Les cinq cents premiers clients eurent leur carte d'adhérent parce que le chef les connaissait en tant qu'habitués du restaurant où il avait précédemment travaillé. Cela revenait donc à une invitation personnelle. Ensuite, il les informa qu'ils étaient libres de proposer de nouveaux adhérents. Ils n'avaient qu'à se porter caution du candidat de leur choix pour en obtenir l'intégration au club.

Mais, demanderez-vous, quel avantage l'adhérent tirait-il de cette recommandation ? La réponse est simple : il marquait des points auprès de ses amis, qui le prenaient désormais pour un contaminateur efficace capable de les « faire entrer » au restaurant le plus branché de la ville.

Certes, l'astuce aurait moins bien marché si le restaurant n'avait pas été spectaculaire. Mais il l'était incontestablement. Mieux, c'était un établissement sélect. Du fait qu'il avait donné à ses clients le moyen d'agir avec altruisme en tant que contaminateurs efficaces, le restaurateur a su s'effacer en laissant ses convives s'occuper du marketing.

Chapitre TROIS

L'idée virus : la formule

La gestion du bouche à oreille électroniquement amplifié

Voilà le titre que j'aurais donné à ce livre s'il avait été édité par la *Harvard Business Review*. Dans ce cas d'ailleurs, vous ne seriez peut-être pas en train de le lire ! Les mots ont de l'importance. Comprendre exactement la nature du problème, c'est faire un premier pas indispensable vers la recherche d'une solution. C'est pour cela que je m'attache tant à inventer des mots : cela incite tout le monde à réfléchir à leur sens.

Si nous nous rencontrions par hasard à je ne sais quel congrès professionnel et que vous me demandiez de parler de votre domaine d'activités, je me mettrais tout de suite à utiliser des mots comme ruche, contaminateur, vélocité ou facilité. Pourquoi ? Parce que ces raccourcis facilitent la communication. Dès lors que nous employons un vocabulaire qui indique une compréhension commune des facteurs clés du succès des idées virus, nous avons plus de chances d'obtenir des résultats.

La formule de l'idée virus comporte huit coefficients. Chacun d'eux représente non seulement un concept, mais aussi une variable que l'on peut modifier à souhait pour accentuer le caractère viral du produit ou du service en question, afin de créer les éléments requis pour répandre l'idée dans notre société tout entière.

Modifier la formule pour la faire fonctionner

Il est peut-être possible de réduire à une formule mathématique les éléments clés du développement et de la diffusion d'un virus. Je doute, bien sûr, que vous vous en servirez, mais une familiarité avec les coefficients aide néanmoins à distinguer l'essentiel de l'accessoire. Par ailleurs, elle permet de visualiser tout l'éventail des facteurs pouvant contribuer à la « virulence » d'une idée. Donner la priorité au facteur offrant le potentiel le plus grand à votre idée est la première étape du lancement du virus.

Multiplier ces cinq facteurs

[le gain moral pour le contaminateur efficace conseillant le virus]
[le gain bassement matériel pour le contaminateur erratique conseillant le virus]
[la facilité de la transmission du virus à un ami]
[la puissance de l'amplificateur utilisé pour favoriser le bouche à oreille positif]
[la fréquence des interactions entre les membres de la ruche]

Diviser par la somme de ces deux facteurs

[le nombre de fois qu'il faut exposer un membre de cette ruche au virus pour qu'il y ait contagion]
[le nombre de contaminateurs différents qui doivent conseiller un virus à un individu donné pour que la mayonnaise prenne]

Puis multiplier le résultat par le produit de ces quatre facteurs

[le pourcentage des membres de la ruche infectés qui sont susceptibles de propager le virus]
[le nombre de personnes que le contaminateur infecté a des chances de contacter]
[la persistance du virus (pendant combien de temps le contaminateur contamine-t-il ?)]
[le nombre de personnes infectées divisé par la population totale de la ruche]

Remarques sur les différents facteurs

[le gain moral pour le contaminateur efficace conseillant le virus]

Les contaminateurs efficaces sont certes incorruptibles, mais n'oubliez pas qu'ils ont autant d'égoïsme que quiconque. Cet acte me fera-t-il paraître intelligent ? Rendra-t-il heureux quelqu'un d'autre ? Contribuera-t-il à l'amélioration de la vie sur Terre ? Les raisons pouvant pousser un contaminateur de ce type à diffuser un message ne manquent assurément pas, même si elles sont souvent compliquées et insaisissables de prime abord. Une liste de mes contaminateurs efficaces préférés : Zagat's, Linus Torvald, Paul Newman, Ruth Reichl, Randall Rothenberg, Andy Hertzfeld, Chuck Close, Spike Lee, Bill Taylor, Don Peppers, Peter Mayle, Alan Greenspan et Yo-Yo Ma. Vous ne connaissez pas nécessairement tous ces noms, et il y a beaucoup de contaminateurs, au rayonnement limité à une ruche particulière, dont je n'ai jamais entendu parler. Mais ceux de ma liste ont tous un point commun : on prise leur perspicacité et leur altruisme. Dès l'instant qu'ils donnent l'impression d'être prêts à se vendre, leur autorité dégringole.

[le gain bassement matériel pour le contaminateur erratique conseillant le virus]

Comme le montre l'exemple du programme d'affiliation d'Amazon.com, les gens répondent présent à l'appel si l'on propose des avantages sensibles et faciles à obtenir. Amazon.com a gagné des milliers d'inscriptions grâce à une offre simple (paiement d'une commission proportionnelle à chaque vente conclue à la suite d'une recommandation) appuyée sur une procédure d'inscription et de mise en route qui ne prend pas plus de deux minutes.

[la facilité de la transmission du virus à un ami]

Imaginons que je veux informer un ami de votre idée : comment faire concrètement ? Si celle-ci porte un nom ringard, imprononçable ou qui se prête à tous les quiproquos possibles, j'aurai tendance à y renoncer. Repensons en revanche à Hotmail, qui me fait parler de son idée chaque fois que j'envoie un courrier électronique. C'est cette même facilité qui a si bien servi le Polaroid. Etant donné que la seule raison de prendre une photo est de pouvoir la montrer aux autres, la transformation de cette cérémonie d'exhibition (et l'attente qui la précède) en occasion de discuter de l'idée ne peut qu'avoir des retombées positives. Enfin, Vindigo présente un avantage similaire. Pour pouvoir vous en parler, j'aurais plutôt le réflexe de sortir mon Palm Pilot de ma poche. Mais dès que je vous l'aurais montré, je ne serais plus qu'à un clic de vous l'offrir. Car l'idée que je veux communiquer, c'est précisément que c'est très facile de vous transmettre ce produit. En un mot, le virus s'alimente de lui-même.

Dans l'idéal, non seulement on déterminerait les propos que le contaminateur devrait prononcer au sujet de votre idée, mais on en ferait une tâche à accomplir facilement, presque automatiquement.

[la puissance de l'amplificateur utilisé pour favoriser le bouche à oreille positif]

La mère d'un de mes amis a fini seconde dans un concours de Miss America au début des années soixante. Malheureusement, cette quasi-victoire lui fit... une belle jambe, alors qu'Anita Bryant, la gagnante (si je ne m'abuse), connut la gloire comme célébrité chantant les louanges d'une grande marque de jus d'orange. Il lui avait suffi de conquérir la ruche qui comptait – le jury – pour assurer l'amplification de la bonne nouvelle. Et, fidèle à la loi de Zipf, cette amplification jeta les bases d'une longue carrière.

Voici le défi à relever au moment de mettre au point votre idée virus : dès que vous avez conquis un individu ou étendu votre domination sur toute une ruche, il faut veiller à amplifier au maximum la bonne nouvelle, si possible sans que cela ne vous coûte rien.

[la fréquence des interactions entre les membres de la ruche]

Certaines ruches (songez aux adolescentes) sont le lieu d'échanges plus fréquents et bien plus intenses que d'autres (comme les personnes du troisième âge). Dès lors qu'on analyse la fréquence de ces échanges et qu'on donne la priorité aux moments de plus grande interaction, on a les moyens d'accélérer de façon spectaculaire la propagation du virus. Considérons l'exemple des salons professionnels, qui réunissent des contaminateurs venus pour une période brève et intense d'échanges. En prenant une initiative aussi simple que de distribuer des chapeaux portant votre logo, vous aurez fait beaucoup pour renforcer votre message pendant toute la durée de l'événement.

[le nombre de fois qu'il faut exposer un membre de cette ruche au virus pour qu'il y ait contagion]

Certains virus offrent une facilité exemplaire : on les comprend dès le premier contact. Il suffit d'avoir vu danser la Macarena une seule fois pour pouvoir s'y mettre. En règle générale, la probabilité de l'infection est proportionnelle à la simplicité de l'idée et à la faiblesse du risque. Mais surtout, cette variable dépend du potentiel viral que recèle au départ l'idée. Autrement dit, est-elle épatante, merveilleuse, importante, amusante, incomparablement meilleure que ses prédécesseurs ?

[le nombre de contaminateurs différents qui doivent conseiller un virus à un individu donné pour que la mayonnaise prenne]

Toutes les idées n'ont pas la puissance de Méduse. On a le plus souvent besoin d'en entendre parler d'une source extérieure avant de songer à y adhérer, surtout quand il s'agit d'une nouveauté risquée. Les listes de best-sellers et d'autres produits à succès font des merveilles, de même que les homologations officielles tant recherchées par le contaminateur institutionnel. « Bon, si IBM l'achète… » se dit le client timide.

Une liste de best-sellers donne dans un sens l'équivalent du nombre de recommandations dont on a besoin pour se décider. Elle transmet le message suivant : « 24 000 personnes ont aimé cette idée. » Les critiques affichées sur Amazon.com fonctionnent de la même manière. Cinquante avis très favorables sur un livre peuvent avoir un poids considérable.

Une autre possibilité, également jouable, consiste à interroger un à un les contaminateurs. Dans le cas de certaines idées (comme un restaurant), il suffit d'une seule recommandation pour vous convaincre d'essayer, alors que pour d'autres, il vous faut des centaines d'avis positifs (par exemple, le choix de piloter votre entreprise par courrier électronique ou par Palm Pilot).

[le pourcentage des membres de la ruche infectés qui sont susceptibles de propager le virus]

Certaines ruches regorgent de contaminateurs, et certaines idées favorisent la contamination plus que d'autres. Quand John McCain brigua l'investiture de son parti comme candidat à la présidence, il découvrit l'existence de toute une population, auparavant en sommeil, qui, émue par sa sincérité et son appel à contribuer financièrement à sa campagne, se mit à propager son message. Ce n'est pas un hasard que bon nombre de ces contaminateurs se soient trouvés dans les médias, ce qui permit de donner le maximum d'écho à sa candidature.

Autre variable : votre aptitude à améliorer les chances pour que des personnes d'ordinaire peu enclines à contaminer les autres acceptent de faire une exception dans votre cas. Il importe de bien choisir le lieu et le moment de votre premier message transmis à la ruche. Voulez-vous que vos salariés répandent entre eux une nouvelle idée importante ? Ne la lancez pas pendant qu'ils prennent un pot le vendredi après-midi : profitez plutôt d'un événement créé pour la circonstance. Donnez-leur les outils qu'il leur faut pour faire circuler le message. Puis récompensez leur effort, ou insistez clairement sur les avantages énormes que l'entreprise en tirera. Ce n'est pas là un élément à ajouter après coup : c'est le cœur de votre campagne de marketing.

[le nombre de personnes que le contaminateur infecté a des chances de contacter]

C'est un critère particulièrement important quand on a affaire à des contaminateurs erratiques. Une fois qu'on a amené des individus à diffuser le message pour leur avantage personnel, comment les inciter à le faire à grande échelle ? Une solution consiste à leur proposer des gains croissants : plus vous nous attirez de clients, plus nous vous paierons (mais gardez-vous de les transformer en *spammers* qui, par leur prosélytisme agressif auprès des inconnus, finissent par provoquer un méchant retour de manivelle). Refferals.com cherche, par exemple, à faire de ses meilleurs contaminateurs des super-agents en leur donnant des informations et des rémunérations plus importantes qu'en moyenne.

Ce même raisonnement préside, bien sûr, au choix des journalistes à cultiver. Saul Hansell, du *New York Times*, a nettement plus d'influence que Jason Snaggs, du *Phoenix Register*. Cela paraît peut-être évident, mais ce qui échappe à la plupart des spécialistes du marketing, c'est qu'un petit nombre de contaminateurs ont parfois un impact au-delà de leur rayon d'action normal. La propagation de votre virus pourrait dépendre bien plus d'un journaliste qui a le bon lectorat que d'un confrère qui touche beaucoup plus de monde.

[la persistance du virus (pendant combien de temps le contaminateur contamine-t-il ?)]

Une expérience de courte durée et sans lendemain prend difficilement la voie virale, surtout si elle ne relève pas d'un événement de masse comme la musique de variétés (les générations ayant suivi la nôtre ont-elles toutes conscience de la médiocrité de leurs chansons ?). En revanche, les tatouages ont une persistance tellement extraordinaire que, sans offrir une grande facilité, ils continuent néanmoins d'assurer leur propre publicité pendant des dizaines d'années, leur permanence compensant la faiblesse de leur impact.

[le nombre de personnes infectées divisé par la population totale de la ruche]

Il s'agit de mesurer votre ascendant sur la ruche. Si la contagion n'a gagné qu'un faible pourcentage des personnes ciblées, vous avez du pain sur la planche. Et s'il ne faut pas sacrifier la qualité de votre idée sur l'autel de la popularité, vous devez quand même veiller à ne pas partir d'une fraction trop petite d'une ruche immense, car votre virus risque de s'essouffler sans avoir infecté grand monde.

Variations avancées sur les huit variables de la formule

Nous allons à présent aborder tour à tour les huit variables fondamentales de la formule de l'idée virus afin de mettre en lumière les possibilités dont vous disposez pour les manipuler à votre guise.

Pour ce qui est du fonctionnement de ces principes, aucun secteur d'activités ne ressemble tout à fait à un autre. Cela dit, la quasi-totalité des idées virus qu'il m'a été donné de connaître tirent parti de façon extraordinaire de certains de ces principes, et toutes ou presque pourraient améliorer leur performance si elles en utilisaient d'autres.

Voici donc les huit variables :

1. Contaminateurs
2. Ruche
3. Vélocité
4. Vecteur
5. Véhicule
6. Facilité
7. Persistance
8. Amplificateur

Les contaminateurs

Comme nous l'avons déjà vu, il existe deux catégories de contaminateurs : les efficaces et les erratiques. Si les huit éléments de notre formule revêtent tous une importance capitale, c'est celui-ci que la plupart des spécialistes du marketing maîtrisent le mieux et qu'ils peuvent donc le plus influencer.

Choisissez vos contaminateurs, ne les laissez pas vous choisir. Vous soucier de façon obsessionnelle du choix de vos représentants, c'est jeter les bases de votre virus. Les contaminateurs efficaces ont incontestablement la plus grande force de séduction, puisque un seul mot prononcé par le bon contaminateur fait parfois toute la différence. Si Guillaume Durand entraîne l'équipe de son émission jusque dans votre bistrot ou que le *Nouvel Observateur* consacre un long article dithyrambique à votre nouveau site Web, on peut dire que vous avez décroché la timbale.

Oprah Winfrey est aux États-Unis peut-être le contaminateur le plus puissant de notre génération. Sa seule intervention a transformé plus d'une dizaine de livres en best-sellers. Le magazine qu'elle a récemment lancé a déjà plus de 500 000 abonnés. Il suffit qu'elle prononce quelques phrases pour pouvoir influencer les consommateurs les plus puissants du pays. On est frappé par l'habileté avec laquelle des figures comme Oprah Winfrey ou Martha Stewart ont su monnayer leur statut de contaminateurs efficaces. Si elles trébuchent au point de passer soudain pour des contaminateurs erratiques, c'est-à-dire achetables, elles verront décliner leur efficacité. Mais si elles parviennent à conserver leur position tout en vendant des livres, des revues, des draps ou des serviettes, elles auront exploité à fond leur célébrité. Mais la chance ne sourit pas à ce point à la plupart des gens. Mieux vaut donc se concentrer sur les contaminateurs qui ont de l'autorité mais une influence peu étendue. Ce sont des individus ou des structures qui peuvent bénéficier de leur activité de parrain mais qui n'ont pas une telle notoriété que cela leur vaudrait tout de suite une perte de réputation.

Certains contaminateurs efficaces sont tellement en vue que l'on a du mal à les joindre. De ce fait, la plupart des entreprises se doivent de viser les contaminateurs de deuxième rang, ceux qui sont accessibles, intéressés et capables de leur apporter presque autant qu'Oprah

Winfrey ou Martha Stewart mais qui offrent des chances bien supérieures d'avoir un impact.

L'histoire de *Sur la route de Madison* démontre cette idée de façon éclatante. L'éditeur, Warner Books, s'aperçut un jour que la plupart de ses concurrents ne faisaient guère d'efforts pour placer leurs livres chez les libraires indépendants. Il se dit que, s'il pouvait courtiser ces derniers en leur confiant un produit valorisant, il jetterait les bases d'un grand succès. Or, dès que cette myriade d'indépendants eut réussi à transformer *Sur la route de Madison* en grand événement commercial, des dizaines d'éditeurs moins inventifs se ruèrent sur eux dans l'espoir de profiter de cette même stratégie. Trop tard : le marché était déjà encombré. Personne ne parviendra à reproduire le succès ciblé et clair de Warner.

N'oublions pas que les idées virus raffolent du vide. Et ce vide, *Sur la route de Madison* put le combler. Dès lors que les autres maisons d'édition cherchèrent à s'y engouffrer, aucune d'elles ne réussit à convaincre la masse critique nécessaire de libraires de promouvoir avec la même ardeur un autre livre. Mais est-ce à dire que Warner était lui aussi condamné à ne plus jamais pouvoir rééditer ce succès ? Les affaires se résument-elles donc à ceci : une astuce après l'autre ? Pas du tout ! La tâche qui incombait à Warner était plutôt d'obtenir la permission de cette audience de contaminateurs indispensables afin de pouvoir lancer un autre livre, puis encore un autre, grâce à un canal que cet éditeur avait eu la perspicacité de mettre en place.

La ruche

Le triomphe d'une idée virus commence par le choix d'une ruche. C'est d'ailleurs un aspect tellement primordial que je vous conseille de choisir la ruche avant même d'avoir élaboré l'idée. Le marketing traditionnel prend pour point de départ un problème, ou encore une usine : soit nous fabriquons un machin extraordinaire et il s'agit de trouver le moyen de le vendre, soit nous avons des capacités excédentaires qu'il faudrait pouvoir utiliser. Or, l'économie ne fonctionne plus ainsi de nos jours. L'important, c'est de choisir votre marché après avoir repéré une ruche qui, outre le fait d'avoir un problème, se distingue par la bonne concentration de contaminateurs, le bon réseau amplifié, la bonne vélocité de communication et, point capital, un vide convenable.

Le succès appartient à ceux qui s'attaquent à une ruche petite mais intime. Bien sûr, Yahoo! et eBay ont fait un tabac, mais le côté remarquable de la chose est justement que la conquête d'une ruche aussi énorme reste l'exception. La presse périodique a une leçon plus pertinente à nous apprendre. Dans toute l'histoire de ce domaine, rares sont les revues ayant connu une croissance aussi spectaculaire – ou aussi rentable – que *Fast Company*. A quoi attribuer ce succès ? D'abord, que cela soit un magazine formidable ne gâche évidemment rien. Ensuite, le fait qu'Internet ait créé une demande prodigieuse pour des espaces publicitaires de ce type y est certainement pour quelque chose. Mais la revue doit sa réussite surtout à la ruche que ses stratèges ont choisie.

Il s'avère qu'il y a, dans les moyennes et grandes entreprises, des centaines de milliers de personnes qui aspirent à faire un travail de toute première qualité mais qui se découragent face aux lenteurs et aux lourdeurs de la bureaucratie au quotidien. Avant l'avènement de *Fast Company*, les membres de cette ruche ignoraient même en faire partie, car ils n'avaient pas d'outil permettant de contacter leurs semblables. La nouvelle revue devint leur point de ralliement, leur bible, leur insigne d'appartenance. Elle leur donnait un moyen de communiquer, d'apprendre et de se fier à leurs intuitions. A tout point de vue, elle avait l'étoffe d'un virus.

Tous ses lecteurs ou presque se transformèrent en contaminateurs efficaces. Non rémunérés et à peine encouragés, ils se mirent néanmoins à inciter leurs collègues à s'abonner, à photocopier page après page le magazine et à le faire circuler dans le bureau. Ils allèrent même jusqu'à constituer un réseau international de groupes de lecteurs qui tenaient localement des réunions mensuelles. Le tout sans la moindre aide de la revue.

Fast Company comblait un vide et se propagea comme un virus. Par sa magie, le magazine put toucher une vaste légion de contaminateurs efficaces. Tout cela parce que ses rédacteurs avaient bien choisi leur ruche et créé un produit digne d'un développement viral.

Quelques années plus tard, Time Warner lança *Real Simple* pour surfer sur la vague des livres très vendus sur l'art de se simplifier la vie. Ce magazine cible, bien entendu, une ruche très différente de celle qui a assuré le succès de *Fast Company*, et il semble avoir du mal à décoller. Pourquoi ? Parce qu'il n'a pas identifié la bonne ruche au bon moment. Parce qu'il ne peut compter sur un nombre important de contaminateurs efficaces agressifs. Parce que la ruche ne possède pas de forum « naturel » de communication interne (contrairement à *Fast Company*, qui a le bureau d'entreprise comme centre de gravité). C'est pour toutes ces raisons que *Real Simple* peine à trouver le chemin viral.

Le choix de votre ruche

Le *Zagat's Guide to New York City Restaurants* (dont il existe le pendant parisien *Guide Zagat des restaurants de Paris*) : quel document fascinant ! Selon l'éditeur, ce livre est le fruit du « travail » de 100 000 gastronomes qui, pendant une certaine période, allèrent au restaurant quatre fois par semaine en moyenne, en dépensant à chaque repas une quarantaine d'Euros par personne. Autrement dit, cela fait plus de 8 000 Euros de revenu disponible consacré tous les ans à manger à l'extérieur. Les membres de cette ruche bien particulière montrent, du point de vue démographique, une certaine homogénéité mais ne sont pas du tout représentatifs de la population américaine dans son ensemble (elle-même assez distincte du reste de l'humanité...). Le restaurateur qui cherche à plaire à tout le monde est donc voué à l'échec, et ce pour une raison très simple : chacun veut quelque chose de différent !

Si l'on ne trouve pas un seul restaurant à Cincinnati, à Indianapolis ou à Tallahassee qui soutienne la comparaison avec l'Union Square Café de New York, ce n'est pas parce que les consommateurs de ces villes ne pourraient s'offrir un tel luxe. Il y a au contraire un pouvoir d'achat local suffisant pour remplir plusieurs établissements de cette catégorie. C'est tout simplement parce que la ruche des clients aisés n'a pas d'instrument pour faire passer le message à une vélocité satisfaisante pour le restaurateur. Qui plus est, ce dernier aurait-il la garantie d'une clientèle durable ? Bref, il semble peu probable que ces ruches provinciales préfèrent consacrer leur argent et leur temps disponibles à des repas pris dans un restaurant du style new-yorkais. Il en va de même d'ailleurs pour certaines ruches new-yorkaises, qui ne réserveraient pas nécessairement un accueil enthousiaste à un type de restaurant français qui prospère à Paris. Disons-le sans détour : *si la ruche n'en veut pas, c'est que l'on s'est trompé de ruche.*

Choisir une ruche qui respecte les valeurs fondamentales de votre virus, c'est poser la première pierre décisive de votre édifice. L'étudiant universitaire ne recherche pas la même chose que le jardinier, qui, lui, a d'autres désirs que le fana d'informatique. Ciblez tout le monde et vous courez au désastre.

Evidemment, la véritable justification de ce souci du ciblage n'est pas que les valeurs auxquelles adhèrent les membres de telle ruche correspondraient aux vertus de votre produit. C'est que le fait de vous concentrer sur la bonne ruche (de préférence assez petite) vous donne une chance de la conquérir. D'injecter tellement de jus positif dans le bouche à oreille électronique que vous vous hissez à une position dominante. De bénéficier des recommandations de tant de contaminateurs que la majorité des membres capitule et que la ruche se convertit en bloc. Dès lors que votre idée parcourt la ruche de façon répétée, le phénomène prendra de l'épaisseur. Des individus voudront la connaître tout simplement parce que tous ceux qu'ils estiment au sein de la ruche en parlent.

Un piège dans lequel on tombe, hélas, facilement est de se montrer trop gourmand au moment de choisir sa ruche, de se dire : « Ce produit convient à tout le monde » ou « N'importe qui pourrait bénéficier de cette idée ». Rappelons pour commencer que la Terre compte actuellement 7 milliards d'habitants. Des arguments comme ceux que nous venons d'évoquer ont donc toutes les chances de se révéler sans fondement. Et même s'ils étaient justes, il paraît très improbable qu'un virus puisse submerger une ruche aussi énorme.

La sagesse commande de se limiter à une série de ruches plutôt petites, puis d'en conquérir quelques-unes à la fois. D'identifier les consommateurs cibles regroupés en unités réduites (aux salons professionnels, par exemple, ou encore géographiquement), puis, dans un deuxième temps, de laisser l'essence concentrée du virus s'étendre à d'autres ruches.

C'est la voie qu'a suivie le brasseur Coors il y a de nombreuses années de cela. Autrefois, on ne trouvait cette marque de bière que dans le Colorado, puis dans le seul ouest des Etats-Unis. Cette concentration du marketing sur une ruche restreinte permit de convaincre un pourcentage sensible de ses membres de goûter à la Coors. Il s'avéra bientôt que ce noyau dur d'adeptes avait un moyen efficace de transmettre le message et, de ce fait, la marque du Colorado ne tarda pas à prendre d'assaut les buveurs de bière d'une région après l'autre. C'est ainsi que, sans effort particulier d'expansion géographique de la part de la direction, le virus gagna la côte est. Le brasseur recevait des milliers de lettres de consommateurs déçus de ne pas avoir trouvé cette bière dont on leur avait dit le plus grand bien. Au départ, il dominait une ruche régionale. Ensuite, il visa le marché national pour pouvoir répondre à la demande créée par le bouche à oreille. Mais, malheureusement, la nouvelle ruche était si vaste qu'il devenait de plus en plus difficile de la satisfaire et de la dominer.

Quelle différence entre la diffusion archi-facile de son idée et les défis que le brasseur du Colorado doit aujourd'hui relever ! Marque désormais d'envergure nationale sur un marché globalement stagnant, Coors aura du mal à renouer avec la croissance, quelle que soit la stratégie adoptée. L'entreprise des Rocheuses avait fondé son activité sur un virus sans pareil, mais apparemment incapable d'assurer son expansion ultérieure.

La vélocité

Napster est une base de données mondiale qui permet aux internautes de partager les fichiers MP3. Cela veut dire en substance que l'on peut écouter toute la discothèque numérisée de millions d'autres mélomanes. L'idée de départ se transforma rapidement en virus échappant à tout contrôle. Comment ?

Napster cibla les campus universitaires, ces foyers prodigieux de communication. Un virus peut traverser tout un campus en l'espace de quelques heures. A l'université Tufts, vers la fin des années soixante-dix, le camarade de chambre d'un de mes amis fit courir le bruit que Paul McCartney était mort (c'était avant la tragique disparition de John Lennon ; mes connaissances n'étaient pas à ce point sans cœur !). Il ne fallut pas plus d'une heure pour que les deux compères commencent à en entendre des échos de la part des copains des copains des copains qui ne se souvenaient déjà plus très bien de la source de ce « renseignement ».

Napster doit son succès à ce même phénomène. Car outre son implantation sur un campus universitaire, Napster habite la planète Internet. A la place du bouche à oreille qui avait fait circuler le canular sur Paul McCartney, il y avait donc le bouche à oreille électroniquement amplifié. Tous les étudiants américains se servent aujourd'hui du courrier électronique, moyen de communication instantané et amplifié. Envoyer un e-mail à trente ou à quarante personnes ne demande pas plus d'efforts que de l'envoyer à une seule. Ainsi, dès qu'un contaminateur efficace eut essayé le logiciel de Napster et confirmé que sa publicité n'était pas mensongère, la nouvelle se répandit comme une traînée de poudre.

Pourquoi la vélocité revêt-elle une telle importance ? N'oubliez pas qu'il est infiniment plus facile de combler un vide que d'emboîter le pas au pionnier. Si votre virus ne se propage pas à la vitesse requise, un concurrent alerte risque de coloniser une nouvelle ruche avant votre arrivée et de se positionner comme la marque authentique. On voit cette logique à l'œuvre sur le marché de la bière, où les marques régionales résistent encore aujourd'hui, longtemps après l'avènement des livraisons à l'échelle nationale par camions réfrigérés. Elle a même influencé le système des examens ouvrant la voie aux études supérieures en Amérique : le Midwest s'accroche à l'examen ACT, puisqu'il l'utilise depuis longtemps, alors que l'examen SAT s'est imposé pratiquement partout ailleurs.

Comment résumer l'impact révolutionnaire d'Internet sur l'économie d'aujourd'hui ? En un mot, Internet donne un puissant coup d'accélérateur aux virus circulant à l'intérieur de diverses ruches. Alors qu'autrefois un entrepreneur devait discuter pendant des semaines ou même des mois avec ses fournisseurs avant de pouvoir construire une tour de bureaux, il peut réduire ce délai à une seule journée en passant par la Toile.

Cette vélocité accrue est en passe de transformer fondamentalement la dynamique des virus. Une nouvelle valant la peine d'être largement diffusée pourrait connaître, vingt, trente ou cent cycles de communication avant que le sujet en lui-même perde de son intérêt. A l'époque pré-Internet, le virus mourait avant d'être vieux si chaque cycle ne touchait que deux ou trois personnes. Aujourd'hui, ces cycles lui permettent de subir des mutations et de se métamorphoser au contact de millions d'individus.

Le vecteur

Richard Dawkins, brillant théoricien de l'évolution, avait son propre terme pour le phénomène que j'appelle l'idée virus : *meme*. Un meme, prétendait-il, était comme un organisme vivant, sauf qu'il survivait non pas dans le monde réel, mais dans le monde des idées. Comme un organisme réel, il pouvait vivre et mourir et, surtout, évoluer. Chaque fois qu'un meme passe d'un individu à un autre, il est touché, modifié et – quelquefois – amélioré. Dès lors qu'un meme a suffisamment circulé, il cesse d'évoluer aussi vite qu'auparavant et se transforme en simple élément constitutif d'autres memes futurs. Les chanteurs pop sont passés maîtres dans l'art d'enchaîner les memes de manière à en faire des instantanés de notre vie. (Dans ce domaine, Paul Simon se détache du lot : Graceland, Kodachrome et ainsi de suite.)

Un comportement relevé par Richard Dawkins – et mis a profit par tout praticien des idées virus – est que les memes suivent un vecteur. Une idée ne se diffuse jamais de façon régulière et harmonieuse dans une population. Les individus ont au contraire tendance à l'envoyer dans tel sens plutôt que tel autre.

Je me rappelle que, quand j'étais à l'université, il y avait toujours un étudiant qui savait où se passeraient les soirées géniales (ainsi que celles qu'il valait mieux éviter). Dans votre ville aussi, il y a sans doute une personne qui semble posséder des informations d'initié sur les meilleures tables. De même, on a l'impression que certains internautes suivent le vecteur du dernier bon mot électronique, alors que d'autres – y compris ceux qui font partie de la même entreprise ou du même clan qu'eux – se trouvent souvent en dehors du coup.

Lorsque vous créez une idée et que vous jetez les bases de son développement viral, cela vaut la peine de bien réfléchir au vecteur que vous souhaitez la voir suivre. Car vous avez de nombreux moyens d'influencer le vecteur, et c'est ce choix qui déterminera en grande partie qui « attrapera » le virus. Le vecteur nous indique dans quelles ruches pénétrera l'idée.

Si vous fonctionnez sur la Toile, par exemple, les barrières que vous dressez auront un effet sur votre vecteur. Un site dont l'accès suppose Shockwave, Flash et une connexion à haut débit aura peu de chances de faire la jonction avec l'univers des utilisateurs d'AOL, quel que soit le point de départ. Ou imaginons que vous rêvez de lancer une nouvelle mode de cartes à échanger parmi les enfants de huit à neuf ans : dans ce cas, mettre vos cartes en vente uniquement chez le marchand de vins et de spiritueux ne favorisera sûrement pas votre vecteur, même si vous en avez distribué en pré-lancement à la sortie des écoles primaires.

Ce problème dépasse de loin la question du seul accès. N'oubliez pas le but de la manœuvre : vendre à quelques clients pour pouvoir ensuite vous effacer. Une histoire drôle diffusée par courrier électronique trouvera toujours son vecteur. Comment ? On peut distinguer trois facteurs :

1. **Par qui cela commence ?** La décision quant au sens dans lequel on veut envoyer une idée est souvent dictée par son origine. Il est difficile, par exemple, de rapporter chez soi une histoire drôle entendue au bureau. On a plutôt tendance à la renvoyer dans le domaine de l'existence d'où elle est issue.
2. **Chez qui cela fait tilt ?** Une idée doit avoir un impact pour être digne de communication, et on est plutôt porté à la partager avec quelqu'un sur qui elle semble avoir des chances de produire ce même effet. Car diffuser des idées qui ne prennent pas une tournure virale nuit finalement à votre réputation de contaminateur efficace. Cela nous ramène d'ailleurs à la question de l'accès : on n'est guère incité à transmettre une idée à un destinataire qui n'a ni l'énergie, ni la technologie ni les ressources requises pour s'en emparer sérieusement.
3. **Qu'est-ce qui se fait facilement ?** Le véhicule influe à un degré étonnant sur la propagation des idées. S'il faut imprimer le texte, le glisser dans une enveloppe et le poster, le virus est condamné d'avance. Pourquoi la télévision et Internet ont-ils acquis une telle puissance comme véhicules des virus ? Parce qu'ils présentent l'avantage de la facilité.

Le véhicule

Les scientifiques ont perdu des centaines d'années à rechercher le moyen de transport de la lumière. Ils savaient qu'elle traversait le vide de l'espace, l'eau et l'air, mais, en l'absence d'un véhicule précis, ils ne comprenaient pas le secret de son mouvement.

Le véhicule est sans doute la dimension la plus souvent négligée de la préparation et de la construction des idées virus. Il est si évident que l'on ne le voit même pas. Au Japon, les adolescentes ont lancé une mode qui allait se chiffrer en milliards d'Euros. Elles continuent encore aujourd'hui à faire la queue devant des photomatons d'un type particulier. On pénètre dans la cabine, on insère des pièces de monnaie dans la fente et l'appareil se déclenche. Mais au lieu de rendre une série de quatre photos identiques à découper, il imprime seize photos de 2 x 3 cm sur des autocollants individuels.

Que faire de ces seize mini-photos ? La réponse est évidente : les partager avec ses copines ! Du coup, toute écolière japonaise qui se respecte a un livre d'autographes rempli de dizaines ou même de centaines de ces autocollants, qui remplacent en quelque sorte les signatures que l'on collectionnait autrefois.

L'un de mes amis, Sam Attenberg, mit au point et breveta cette technologie. Et si elle n'atteignit jamais le stade viral aux Etats-Unis, elle put quand même y développer des alvéoles d'activité intense dans quelques ruches. Sur certains appareils, par exemple, la production de ces autocollants rapportait jusqu'à 70 Euros l'heure, et cela à longueur de journée et pendant plusieurs semaines d'affilée. Au Japon, deux sociétés dominent le marché incroyablement lucratif des Sticker Stations.

Quel est donc le véhicule dans ce cas ? C'est l'échange d'autocollants entre individus. Le véhicule est la clé même de tout le virus. Dès que la première jeune fille d'un milieu donné avait acheté sa première série de petites photos, elle n'en avait pas d'autre usage que de les distribuer à quinze amies. Mais, pour ce faire, elle devait expliquer comment elle les avait obtenues. Et voilà : le virus est bien parti.

PayPal.com est un autre exemple d'une idée extrêmement virulente qui s'est répandue en raison de la puissance du véhicule. Il s'agit d'un service en ligne qui permet aux clients d'eBay et d'autres sites de vente aux enchères d'effectuer en toute sécurité des virements par Internet. Ainsi, quand on doit régler un achat fait sur eBay, il suffit de virer la somme demandée à PayPal.com. Le véhicule dans ce cas, c'est le système de paiement. Tout le monde fait attention à son argent et, puisque ce système résout un problème assez fastidieux (il faut normalement expédier un chèque et attendre son encaissement), il ne peut que trouver un accueil favorable. Enfin, comme l'a montré l'exemple des autocollants, le fait même d'utiliser le véhicule vous amène à le faire connaître autour de vous.

Dans un cas comme dans l'autre, le choix judicieux du véhicule s'est révélé une stratégie gagnante.

La facilité

Le but de la manœuvre est, bien sûr, de déclencher un virus offrant une telle facilité que l'individu devient « accro » dès le premier contact. Un virus si puissant qu'il suffit d'une seule phrase musicale à la radio, d'une seule remarque d'un critique littéraire, d'un seul regard jeté sur un site Web pour emporter la conviction du consommateur, mais aussi pour lui donner une envie irrépressible d'avoir le produit ou le service. Aujourd'hui et pour toujours.

L'un des multiples talents du redoutable Steve Jobs est son aptitude à concevoir des produits « médusants ». Car si tous les modèles du Macintosh ont bien quelques défauts à se reprocher (certains plus que d'autres), la plupart se distinguent par un pouvoir de séduction et une qualité de design qui ont instantanément transformé bon nombre de consommateurs en zélateurs de la marque. C'est précisément pour cela que les utilisateurs Mac font en moyenne des mises à niveau beaucoup plus fréquentes de leur matériel et de leurs logiciels que leurs homologues de l'environnement PC. Le nouvel écran plat ? Il nous le faut ! La dernière couleur de l'iBook ? Un must !

Vindigo a aussi un côté « Méduse », à en juger par la facilité avec laquelle se propage son virus. Il ne faut pas plus d'un regard au Palm Pilot d'un ami pour être mordu (et pas plus d'un fichier transmis par *beaming* pour l'être à jamais). Les téléphones Nextel exercent ce même pouvoir, tout comme Britney Spears (du moins sur un certain public…).

Mais rendons-nous à l'évidence : ce n'est pas la peine de vous attendre à une gloire équivalente. Vous pouvez certes aspirer à ajouter une petite touche « médusante » à votre produit, mais vous auriez tort de mettre tous vos œufs dans ce panier fort hypothétique. Les chances d'y parvenir sont en effet assez faibles, surtout si votre produit n'a rien de révolutionnaire. Plus le consommateur a besoin de temps pour saisir le sens de votre idée, moins l'effet Méduse jouera.

Soulignons toutefois que ce n'est pas toujours un handicap, loin de là. Les changements véritables – et les bénéfices à en tirer – naissent souvent d'idées dérangeantes qui bouleversent le mode d'interaction entre les individus ainsi qu'entre ceux-ci et votre entreprise. Ces idées ne peuvent donc offrir la même facilité de diffusion que d'autres.

La persistance

La quête du succès instantané, de la création d'entreprise sans accroc ou du renforcement de son pouvoir d'éternuement, trahit souvent le rêve d'un virus superficiel. Un gadget, une idée « marrante », une innovation technologique tape-à-l'œil… et sans lendemain.

Le pointeur laser en est un excellent exemple. A une réunion à laquelle je participais récemment, l'intervenant se servit de cette nouveauté pour faire ressortir les éléments clés de son diaporama Powerpoint par ailleurs soporifique. Circonstance aggravante de mon point de vue, ce robinet d'eau tiède s'obstinait à orienter son pointeur laser vers le moniteur de télévision, qui me renvoyait ces rayons électromagnétiques très concentrés en pleine face, plusieurs fois même directement dans les yeux. Ce n'est qu'après avoir beaucoup insisté que je réussis à le convaincre d'éteindre son gadget.

Mis à part ce malheureux incident, je ne me rappelle plus depuis combien de temps je n'avais pas vu quelqu'un utiliser un pointeur laser. Ce produit avait gagné, peu après son lancement, un noyau d'utilisateurs de la première heure qui ne juraient que par lui. Il faut dire qu'il répondait à un besoin de nature jungienne (notamment chez les hommes) de posséder une baguette magique capable de projeter la pensée sur le mur. De toute évidence, Il n'y avait pas de meilleure occasion pour l'exhiber que dans des réunions avec d'autres fanas des gadgets. Ceux-ci remarquaient le pointeur laser, et le virus se propageait.

Mais, une fois que les achats furent faits, on découvrit que ce jouet n'était finalement pas d'une grande utilité. Car avait-on réellement une telle masse d'informations à présenter qu'il fallait un dispositif high-tech pour distinguer l'essentiel de l'accessoire ? Résultat : les pointeurs laser finirent au fond des tiroirs. Autrement dit, le virus manquait de persistance. Ceux qui avaient au départ résisté à la tentation de se ruer sur les premiers stocks de pointeurs laser en voyaient de moins en moins autour d'eux, et le virus s'éteignit.

Rien à voir avec l'histoire du virus du Palm Pilot. Il ne se passe pas un jour sans que quelqu'un entre dans votre bureau en déclarant son dévouement sans faille et son amour éternel pour sa nouvelle merveille de poche. Et contrairement aux propriétaires d'un pointeur laser, ceux qui possèdent un Palm continuent de l'utiliser. Pas de doute quant à sa persistance.

Selon la logique de Malcolm Gladwell, le Palm Pilot a opéré un basculement dans certaines ruches : la présence d'une telle multitude d'utilisateurs réguliers rappelle à tous ceux qui n'en ont pas encore qu'ils passent désormais pour des ringards. C'est la persistance du Palm Pilot, plus que tout autre facteur viral, qui en explique le succès spectaculaire.

L'amplificateur

Le bouche à oreille ne suffit plus. S'il n'est pas amplifié, nous l'avons vu, il meurt trop tôt pour pouvoir faire le bonheur de l'entreprise moyenne. La tâche de celui qui veut lancer une idée virus consiste à mettre en place un système qui favorise l'amplification du bouche à oreille positif (et l'étouffement du bouche à oreille négatif !).

C'est cette idée on ne peut plus simple qui a permis le succès de Planetfeedback.com. Qu'une société invitée par ce site à participer hésite un seul instant à s'inscrire me dépasse. Tout consommateur mécontent – ou content – d'une entreprise n'a qu'à exprimer son opinion à Planetfeedback, qui la transmettra à celle-ci par courrier électronique. Ensuite, un seul clic permet de faire envoyer une copie de l'e-mail aux administrations, aux médias et aux élus politiques concernés. Encore un clic, et le courrier atterrit dans la boîte de réception des dix amis ou collègues les plus proches du consommateur.

Cela s'appelle amplification instantanée.

Mais si c'est votre société qui fait l'objet d'une réclamation de ce type, quelle réaction serait la plus sensée ? Soit vous sautez sur l'occasion pour éradiquer un virus négatif et transformer le protestataire fâché, source de mauvaise presse, en témoin satisfait de votre grand souci du client. Soit vous classez son courrier sans suite, faisant le gros dos dans l'espoir que le client finira par renoncer. Chose qu'il ne fera évidemment pas. Au contraire, lui et les personnes déjà infectées continueront à amplifier le message.

Planetfeedback fournit un service formidable à l'ensemble des intéressés. Grâce à sa méthode – l'agrégation du bouche à oreille auparavant invisible –, ce site aide les entreprises à comprendre les virus déjà en circulation et leur donne ainsi l'occasion d'y remédier. Car il s'agit bel et bien de virus, c'est-à-dire des idées qui se déchaînent en passant d'individu en individu. Parallèlement, Planetfeedback investit le consommateur d'un pouvoir nouveau en lui facilitant la tâche d'attirer l'attention sur ses griefs.

Rien ne vous oblige, bien entendu, à parrainer ce site. Un jour, il pourrait proposer des services tout à fait différents… à moins que vos concurrents ne réussissent, moyennant paiement, à dialoguer à votre place avec vos clients insatisfaits.

Chapitre QUATRE

Études de cas et variations sur un thème

Vindigo

Vindigo nous offre l'un des meilleurs exemples d'une société qui a déclenché une idée virus. Son adresse Internet est vindigo. com, et vous aurez besoin d'un Palm (ou quelque chose de compatible) pour vous servir du logiciel.

Vindigo est un annuaire qui répertorie les restaurants, les lieux de spectacles et les magasins des grandes villes américaines. Vous le téléchargez sur votre Palm et vous l'emmenez avec vous. Dites-lui où vous vous trouvez (dans l'illustration ci-dessus, vous êtes à New York, au coin d'Amsterdam et de Broadway) et il vous indiquera ce que vous cherchez en matière de restaurants ou de divertissements. Les informations sont triées en fonction de la distance par rapport à votre position. Il vous communique également une classification des établissements, le tout gratuitement.

Ça, c'est un *killer app. !* J'ai envie d'en parler à tout le monde. C'est bien pour cela que les ordinateurs de poche ont été inventés, non ? Génial !

Mais, même s'il y a là largement de quoi créer une idée virus, on n'a pas pour autant l'impression que l'affaire est dans le sac. Car après qu'un contaminateur vous ait appris l'existence de ce superbe produit, vous devez vous souvenir du nom (vertigo ? indigo ?), rentrer chez vous, dactylographier le nom dans votre moteur de recherche, télécharger le logiciel, le synchroniser, etc. La cata, dites-vous. Cela ne marchera jamais.

Mais c'est là qu'entre en jeu une fonction vraiment conviviale. Vous voyez en bas et à droite de l'écran, sous les boutons « eating », « shopping » et « entertainment », un bouton « give ». Quand un contaminateur vante les mérites de Vindigo, son interlocuteur et lui sortent leur Palm, le contaminateur clique sur le bouton « give » et, soixante secondes plus tard, le *produit dans sa totalité se retrouve sur le Palm de l'interlocuteur !*

Sans accroc. C'est pratiquement la perfection en matière de facilité d'utilisation.

Mais c'est mieux que facile : c'est persistant. La prochaine fois que vous synchroniserez votre Palm avec votre PC, il recevra automatiquement les nouvelles données que vous avez importées dans votre ordinateur et vous fournira une version mise à jour. Instantanément et automatiquement.

L'idée virus a frappé.

Est-ce que ça marche ? Les stratèges de Vindigo n'avaient testé la version originale de leur logiciel qu'auprès de cent contaminateurs. Ils n'ont pratiquement pas eu de dépenses publicitaires et ont attendu de voir si le virus allait prendre. Or c'est aujourd'hui, parmi les applications utilisant le Palm, celle qui se développe le plus vite. Notons qu'il ne s'agit pas de marketing viral au sens où Hotmail le pratique. On peut se servir plusieurs mois d'affilée de Vindigo sans jamais en parler à un ami. Le logiciel fonctionne bien, mais il a surtout été conçu de manière optimale pour la diffusion de l'idée virus.

Sauver le monde à l'aide d'une idée virus

La Prius est le dernier modèle de Toyota. Et c'est la seule voiture dans l'histoire à avoir remporté un prix du Sierra Club, vénérable symbole de l'écologie américaine. C'est l'automobile qui, nous assure-t-on, va nous sauver de nous-mêmes, réduire l'effet de serre et préserver les énergies fossiles qui nous restent.

Comment ? Grâce à un moteur qui utilise alternativement l'essence et l'électricité. Avec une consommation de 2,6 litres aux 100 km, avec de très bonnes performances sur route et des émissions de polluants proches de zéro. Je lui souhaite le plus grand succès. Cette voiture est importante !

Malheureusement, comme Toyota est un fabricant industriel qui utilise des idées (et non un producteur d'idées qui possède par ailleurs des usines), le produit a été conçu complètement à l'envers. Je suis convaincu que le jour viendra où tout le monde conduira une voiture aussi bénéfique pour la planète que la Prius, mais ce ne sera sûrement pas grâce à la stratégie de marketing adoptée par ce constructeur.

Commençons par le nom. Comment peut-on parler avec enthousiasme d'une voiture si on ne sait même pas comment prononcer son nom ? Est-ce « pri-usse » ou « pri-ousse » ? N'ayant pas envie d'avoir l'air bête, on évitera tout simplement de le dire.

Deuxièmement, y a-t-il un moyen de faire passer facilement le mot ? Le visiteur du site Web de Toyota ne trouve même pas la Prius sur la page d'accueil et n'obtient la bonne page (très agréable, du reste) qu'après un peu de recherche. Mais où est le bouton « envoyer à un ami » ? Comment peut-on essayer la voiture ? Y a-t-il un espace sur la page où le visiteur peut indiquer son adresse e-mail afin de donner à Toyota la permission de l'informer sur la date de sortie de la voiture dans sa région ? Hélas, la réponse à ces trois questions est non.

Pourquoi n'y a-t-il pas un petit côté « militantisme local » qui inciterait les adolescents à faire circuler une pétition de porte à porte pour réclamer l'utilisation des Prius par les services municipaux ? Où sont les campagnes lancées à partir des organisations écologistes du pays… ?

Mais l'erreur la plus grave de Toyota concerne le design même du modèle. Contrairement à la New Beetle de Volkswagen ou à la Miata de Mazda, la Prius ne fait pas de publicité ambulante pour elle-même. Voici à quoi elle ressemble :

Vous pourriez croiser des milliers d'exemplaires de cette voiture sans même en remarquer un seul. Ni son esthétique, ni ses performances au kilomètre ni son faible émission de gaz polluants ne vous frapperaient. Bref, la simple vue de cette voiture ne vous ferait certainement pas rêver de la posséder.

A-t-on l'impression que Toyota accomplit une mission divine ? Que ces dirigeants agissent en zélateurs promouvant agressivement une voiture qui va changer la face du monde ? Peut-on croire que c'est l'idée la plus forte que l'industrie automobile ai developpé depuis que Henry Ford a perfectionné la chaîne de montage ? Il faut quand même que les industriels montrent un peu de passion !

Quelle occasion manquée ! Un marchand d'idées à la recherche d'un virus aurait choisi un tout autre angle d'attaque. Au lieu de sortir un produit terne et abordable, il aurait compris que les premières personnes à vouloir acheter une telle voiture sont les gens qui disposent de suffisamment d'argent pour prendre des risques avec une technologie qui n'a pas encore fait ses preuves. Que ce sont les leaders d'opinion et les fanas qui constituent le public le plus réceptif à une telle idée et le plus désireux de conduire une voiture exceptionnelle.

Je doterais une voiture innovante d'un design étonnant. Différent. Unique au monde. J'y ajouterais peut-être un autocollant fixe (avec une esthétique rappelant l'affichage à cristaux liquides) qui annonce ma consommation actuelle aux cent. Je proposerais une palette de couleurs excentriques. Les 50 000 premiers acheteurs auraient ainsi le sentiment d'affirmer leur différence. Et chacun d'eux le ferait auprès des 1 000 ou 10 000 personnes qui le verraient la conduire. Ce serait un virus qui n'attendrait que l'occasion de prendre.

Souvenez-vous de ce que j'ai dit au sujet de la Coccinelle VW ? Stratégie située aux antipodes de celle de Toyota.

En outre, les stratèges de Toyota ont oublié de sélectionner un vecteur. Comme ils ne savaient pas exactement à quel public s'adresser, ils ont conçu cette voiture pour tout le monde. C'est tout le contraire de la stratégie adoptée par Volkswagen. Mais rappelez-vous : les idées virus raffolent du vide, et il y a là un vide très vaste qui attend d'être comblé. En matière de vecteurs – et donc de ruches –, le constructeur japonais avait l'embarras du choix, et pourtant, il n'a rien choisi du tout.

Pour finir, je ne permettrais pas à n'importe qui d'acheter les premiers modèles de la série. Je choisirais les meilleurs contaminateurs, ceux dont la voix porte le plus loin, les figures les plus écoutées de leur communauté et je mettrais tout en œuvre pour les amener à conduire la voiture. James Bond ? Julia Roberts dans son prochain film ? Le maire de Carmel, en Californie, ou le président de Greenpeace ?

Il y a urgence. Il ne s'agit pas de ramasser quelques millions de dollars de plus à partir d'un site Web. Il s'agit de transmettre un bon virus à la population, et ce avant que le vide ne soit rempli par de la camelote et qu'il n'y ait trop de bruit pour se faire entendre.

Ce livre est-il une idée virus ?

Voici, point par point, le modèle que je compte utiliser pour transformer ce manifeste en idée virus :

1. Décrire quelque chose d'important, de branché, d'efficace, d'utile et de neuf, et le faire en termes clairs, stimulants et irrésistibles.
2. Lancer le virus parmi le public de contaminateurs le plus vaste que je puisse trouver. En l'occurrence, cela signifie le lectorat de *Fast Company*. L'accompagner d'un graphisme choc et plein de panache.
3. Le rendre facile. Afficher le manifeste à www.ideavirus.com. Faire figurer les remarques d'auteurs connus, des experts et des professionnels du secteur d'activités. Plutôt que de me limiter au seul manifeste, présenter intégralement le texte du livre. Faciliter l'envoi du livre à un ami. Ajouter une version audio, et mes diapositives Powerpoint. Le tout gratuitement.
4. Faire passer des publicités et des promotions susceptibles de créer un environnement qui encouragera les contaminateurs à diffuser le manifeste en toute tranquillité.
5. Entretenir le virus après son décollage en faisant des conférences et en distribuant gratuitement des exemplaires imprimés du manifeste aux contaminateurs les plus utiles.

Passer du privé au public

L'un des obstacles que les entreprises à l'ancienne devront vaincre à l'heure des idées virus est qu'elles ont l'habitude de fournir des services privés. Selon toute probabilité, vos amis et vos connaissances n'ont pas la moindre idée de la marque du PC que vous utilisez, de votre système de chauffage (gaz ou électricité), de la fréquence de vos visites chez le chiropracteur ou de votre vin préféré.

Ces relations étant de nature privée, le spécialiste du marketing n'a pas d'autre recours, pour exploiter le marché potentiel qu'elles représentent, que de multiplier les dépenses, les interruptions et les publicités bidons. Si, en revanche, il peut trouver un moyen de les rendre publiques en mettant au point un système pour lancer une idée virus, toute l'équation s'en voit transformée.

Voici un exemple : les kilomètres gratuits que vous accumulez auprès d'une compagnie aérienne au titre de son programme de fidélité. American Airlines a gagné une fortune en distribuant des coupons pour fidéliser sa clientèle et, aspect tout aussi important, pour établir une monnaie d'échange vendable à d'autres entreprises. Mais aucun de vos amis ne connaît vraiment vos habitudes de voyage en avion. Vous ne leur en parlez pratiquement jamais, à moins d'un événement exceptionnel dont vous auriez envie de vous vanter, comme la possibilité d'embarquer toute la famille pour des vacances aux Bahamas, grâce à vos coupons.

Votre transporteur préféré dispose d'un certain nombre de recettes pour sortir les coupons kilométriques du placard et les transformer en idée virus. Il pourrait, par exemple, permettre aux clients d'acheter, de vendre ou d'échanger leurs kilomètres. Serait-il de ce fait obligé d'offrir plus de voyages (une mauvaise chose) ? Certes. Mais le kilométrage gratuit ne tarderait pas à devenir une obsession nationale. Il serait bien plus habile de profiter de quelque congrès où se bousculent de nombreux habitués des voyages d'affaires pour adresser l'annonce suivante : « Si vous découvrez dans cette assemblée la personne qui détient exactement le même kilométrage que vous, nous vous attribuerons à tous les deux un million de kilomètres supplémentaires. » Soudain, toutes les personnes que vous rencontrez vous interrogent avidement sur vos kilomètres.

Hakuhodo, l'une des plus grandes agences de publicité japonaises, a eu recours à une approche voisine et l'a transformée en manie nationale. L'envoi des cartes de vœux pour le nouvel an semble revêtir une grande importance au Japon. La plupart des gens achètent les leurs au bureau de poste, enveloppes et timbres compris. Toute carte acquise de cette manière s'accompagne d'un billet de loterie dont l'enjeu est un cadeau modeste (une bicyclette, une radio, etc.). Or Hakuhodo a commencé à en faire la publicité sur Internet. Et les cartes sont gratuites (ni timbres ni frais). Mais ce qu'il y a de mieux, c'est que si le destinataire de votre carte gagne, vous avez vous aussi droit au même prix ! Ainsi, plus vous en envoyez, plus vos amis sont contents et, bien sûr, plus vous êtes content vous-même. Non seulement cette promotion est-elle devenue virale, mais elle a pris le caractère d'une véritable épidémie. En 1998, 25 % des internautes japonais ont soit envoyé, soit reçu des cartes Hakuhodo.

Pour transformer ces idées virus en atouts durables, l'entreprise qui les crée doit obtenir l'accord des personnes touchées pour poursuivre directement sa démarche auprès d'elles. Elle se retourne dès lors vers le marketing privé, mais à un coût très faible et avec d'excellents résultats, jusqu'à ce qu'elle soit prête à lancer un nouveau virus.

Bien sûr, une démarche publique ne vous oblige pas nécessairement à faire une campagne de nature purement égoïste. Quand j'étais à l'université, le centre d'information homosexuel du campus lança ce mot d'ordre : « Portez un jeans le mercredi si vous êtes gay. » Tout à coup, une donnée qui appartenait à la sphère privée devenait un sujet de conversation publique. Si telle personne ne mettait pas de jeans, était-ce par peur de passer pour un homosexuel ? Et quel mal y a-t-il à être considéré comme tel, que l'on le soit ou non ? Cette modeste initiative avait donc transformé le thème des préférences sexuelles en idée virus et déclenché des milliers d'heures de discussions intenses sur la façon dont la société (dont nous-mêmes) aborde le problème.

Vous travaillez dans la mode !

L'aspect le plus difficile du lancement d'un manifeste est sans conteste la création d'une idée à fort potentiel viral. Et l'un des composants clés de cet art est la compréhension des modes du moment. Pourquoi la mode des sabots semble-t-elle aller et venir ? Pourquoi en va-t-il de même pour celle des pattes d'éléphant ? Celle de la mini-jupe ? Comment se fait-il que, tous les ans, de nombreux stylistes sortent des vêtements qui se ressemblent fortement, sans s'être consultés à l'avance ?

Pourquoi voit-on rarement des gens habillés comme les deux femmes ci-dessus ? Est-ce que ces filles se sont réveillées un beau matin et se sont précipitées pour acheter tout leur attirail en une fois, ou l'ont-elles constitué progressivement ? Pourquoi certaines offres Internet (courrier électronique gratuit, portails santé…) semblent apparaître en même temps, même s'il a fallu des mois ou des années de préparation ?

Le phénomène mode survient quand un membre respecté d'une ruche tente sa chance et essaie une nouveauté. Il y a deux possibilités quand celui-ci se montre dans une nouvelle « tenue » :

1. La ruche adopte la nouveauté. Tous les membres commencent à porter un anneau dans le nez, se font tatouer ou remplacent leur Filofax par un Palm. Dans ce cas, le membre respecté gagne un supplément d'estime, étend son influence et renforce sa position en tant que contaminateur efficace.
2. La ruche rejette la nouveauté. Il arrive souvent que la personne qui introduit une innovation soit ignorée ou ridiculisée (expérience plus courante pour les membres les moins respectés de la ruche, mais que tout le monde finit tôt ou tard par faire). Dans ce

cas, la figure d'avant-garde perd l'estime des autres, devient moins influente et se montre moins encline dans un avenir proche à réessayer.

De toute évidence, les membres respectés hésitent à perdre leur prestige, d'où la stabilité et l'uniformité qui règnent dans la plupart des ruches.

Certaines ruches sont incroyablement conservatrices (ce n'est pas à la réunion annuelle d'American Actuaries que vous rencontrerez la nouvelle innovation qui décoiffe...), tandis que d'autre se distinguent par leur audace (les vogues de la vie nocturne new-yorkaise sont aussi volatiles que celles du Nasdaq). Certaines personnes – que j'appelle des *rédacteurs de mode* – semblent avoir un sens inné du moment où une ruche est prête à adopter un nouveau virus. Les stars du capital risque et du journalisme, les grands cuisiniers, les dirigeants des laboratoires de recherche ainsi que les responsables des grands labels de disques font clairement partie de cette catégorie.

Clive Davis, chez Arista Records, a dicté la mode dans le monde de la musique pendant des générations. C'est lui qui a lancé des dizaines de groupes ou d'artistes qui marquaient une percée dans leur domaine, dont Aretha Franklin, Whitney Houston, Carlos Santana ou Patti Smith. Le seul point que ces artistes aient en commun, c'est d'avoir été parfaitement en phase avec leur époque. Un mois plus tôt ou un mois plus tard, et ils n'auraient peut-être pas réussi (enfin, Aretha aurait probablement réussi de toute façon...).

Mais aucun éditeur de mode n'est infaillible et, s'il n'y prend garde, il risque de tomber dans l'un des deux pièges suivants :

Il perd le contact avec la ruche et s'entiche de son propre goût.

Sans la boucle de feedback que fournit la ruche, il « perd la main ». Et voilà que cette figure qui semblait avoir tellement le *feeling* commence à se tromper.

Warren Buffett est un investisseur génial doté d'un flair extraordinaire quand il s'agit de déterminer où les autres voudront placer leur argent. Mais quand l'engouement pour Internet a commencé à s'emparer de la Bourse, Warren Buffett a perdu sa capacité à prévoir les réactions de la ruche. Je soupçonne pour ma part qu'il voyait bien ce qui allait se produire mais que son sens commun lui interdisait de faire confiance à ses pressentiments. Du coup, des milliards de dollars lui passèrent sous le nez, car il avait refusé de croire que l'idée virus du placement sur Internet se répandrait dans la ruche des investisseurs.

Il cesse de se considérer comme un rédacteur de mode et se convainc que c'est lui qui crée la mode.

Au lieu de se comporter comme un individu capable de deviner le prochain virus qui frappera la ruche, il s'imagine suffisamment respecté pour pouvoir obliger la ruche à accepter un nouveau virus.

Les stylistes de mode sont connus pour cette aptitude, tout comme les groupes de rock, les écrivains ou les spécialistes du marketing de biens matériels. Prenez le cas de New Coke. La plus grosse erreur que Coca-Cola ait faite dans le lancement de ce produit a été de croire qu'il suffisait de décréter l'avènement d'une nouvelle formule pour que le consommateur l'adopte avec enthousiasme. Au lieu de la diffuser comme un virus qui rayonne à partir d'un membre respecté de la ruche, l'entreprise a essayé d'imposer la New Coke sur la ruche des buveurs de sa boisson traditionnelle : échec cuisant.

Le grand défi à relever aujourd'hui est de trouver ou de former un *rédacteur de mode*. Le lancement prématuré d'un produit vous desservira tout autant qu'un lancement en retard : toute erreur de *timing* vous empêchera de combler le vide avec votre virus. Dans ce cas, le bénéfice sera empoché par celui qui a un sens plus grand de l'opportunité et une meilleure idée de ce qui est « tendance ». Pour ceux qui s'obstinent à voir votre entreprise comme une immense usine, cette conception doit sembler hérétique. Après tout, objectent-ils, si vous aviez voulu vous lancer dans la mode, vous l'auriez fait au sens propre du terme ! Mais, que cela vous plaise ou non, nous sommes tous dans la mode.

Il y a quelques années de cela, le bois de cerisier était abondant sur le marché. On ne l'utilisait guère pour le mobilier... ce n'était pas « tendance ». Puis survient Thomas Moser, designer de meubles ; son sens de la mode lui dictait apparemment que ce bois allait faire un retour en force. Il pensa que dès que les gens se rendraient compte de la beauté du cerisier, l'idée de meubler leur maison avec ce bois agréable et chaud se répandrait dans sa ruche d'élection. Thomas Moser a donc bâti toute une entreprise sur cette intuition, allant jusqu'à acquérir des centaines d'hectares de terrains plantés de cerisiers de première qualité pour faire face à la demande. Depuis dix ans, son chiffre d'affaires augmente de plus de 30 % par an, et il possède des salles d'expositions à New York et à l'étranger où il vend des tables à 5 000 Euros et des chaises à 3 000 Euros. Ce n'est pas parce que ce mobilier est superbe, – ce qui est pourtant le cas –, mais parce qu'il a su créer une mode en phase avec sa ruche, parce qu'il a lancé une idée virus.

Le paradoxe de l'argent

Plus vous vous empressez de demander de l'argent, moins vous en gagnez.

L'erreur la plus grosse que puisse faire un marchand d'idées est de demander de l'argent trop tôt. On veut certes faire passer le client rapidement et fréquemment à la caisse, et c'est pour cela que l'on ne perd pas de temps avec de simples curieux et que l'on cherche à optimiser les rentrées avant que l'idée ne s'essouffle. Le cliché « Prends l'oseille et tire-toi » n'est pas dépourvu de fondement. Mais cette stratégie introduit une certaine friction dans le système. Nombre de spécialistes du marketing demandent au consommateur de payer le plus au moment où celui-ci en sait le moins. Par exemple, qu'est-ce qui empêche les studios de cinéma de programmer des séances d'avant-premières gratuites afin de démarrer un virus, puis de faire payer l'entrée quand tout le monde a envie d'y aller? Aujourd'hui, le cinéphile doit débourser 8 Euros pour le privilège incertain de voir un film dont il ignore tout.

Sur Internet, des dizaines de nouvelles entreprises ont découvert l'importance de ce modèle. Le site eFax propose un service qui permet de recevoir des télécopies dans la boîte de réception de votre courrier électronique. Pourquoi gratuitement ? Parce qu'il est déjà assez effrayant d'être parmi les premiers à se lancer dans une démarche aussi nébuleuse que de se débarrasser de son fax, sans devoir en plus mettre la main au porte-monnaie. La stratégie d'eFax consiste dans un premier temps à se servir de la gratuité pour créer chez les intéressés une « accoutumance » et diffuser une idée virus. Puis, dans un deuxième temps, l'entreprise fait passer les accros à un système payant qui offre divers suppléments.

1. Combler un vide.
2. Rendre la clientèle captive.
3. Extraire des revenus.

Ce site pourra combler le vide en s'y installant le premier et en répandant le virus. Il réussira à rendre la clientèle captive en dressant des obstacles au changement de fournisseur (« Quelle barbe de changer sans cesse de numéro de fax ! »). Pour finir, il en tirera des revenus en offrant des services à forte valeur ajoutée ou en vendant de la publicité.

Dans cet ordre précis !

EFax parviendra-t-il à transformer ses accros en clients payants ? Je n'en ai pas la moindre idée. Certaines activités (comme le courrier électronique) resteront définitivement prisonnières de la gratuité, à tel point qu'on a du mal à comprendre la justification de toute la démarche. EFax pourrait proposer des fax gratuits avec distribution sous huit heures mais vous les facturer 5 Euros par mois pour l'envoi immédiat. Ainsi, l'essai est gratuit, de même que la dissémination du virus, mais, dès lors que le client est captif, c'est rentable.

Il y a cependant deux défis à relever. Le premier consiste, bien sûr, à repérer les activités qui seront un jour lucratives, et le second à avoir suffisamment de patience pour bien choisir le moment pour introduire la friction que comporte la facturation.

Watts Wacker a propulsé sa carriere en écrivant *The 500 Year Delta*. Après la sortie de ce livre sur l'avenir, les lecteurs ont commencé à le distribuer et à adopter ses idées. L'auteur a, de ce fait, pu accéder à un public plus vaste et s'est soudain vu très sollicité en tant que conférencier. Je suis certain d'ailleurs que quelques mois de conférences payantes lui ont rapporté plus que les royalties tirées de son livre. En permettant à l'idée virus de se développer avant d'en tirer tout le profit possible, Watts Wacker a réussi au final à multiplier ses gains.

Dans des marchés très transparents comme celui d'Internet, la peur qui règne est que toutes les idées virus se révèlent si compétitives que l'on ne parvienne jamais à en tirer de bénéfices. C'est pourquoi la course qui se dispute est tellement intense. Dès lors que l'on réussit à combler un vide avec agressivité et de façon permanente, il devient plus facile d'en extraire des revenus.

Pensez comme si vous dirigiez une maison de disques (... parfois)

Les dirigeants de l'industrie du disque ont beaucoup de choses à vous apprendre sur les virus (en dépit de leur comportement dans des domaines bien précis, comme nous le verrons par la suite). D'abord, ils savent qu'aucun client n'achète un CD parce qu'il apprécie la qualité du disque en polycarbonate. Si l'idée de la musique ne lui plaît pas, il ne fera pas d'achat. Ensuite, ils comprennent qu'il est bien plus important de gagner de l'argent plus tard que d'en empocher sur-le-champ. C'est au prix fort qu'ils ont appris cette leçon. Pensez à la radio : avant son avènement, les ventes de disques étaient tout à fait négligeables. Pourquoi acheter une chanson pour votre phonographe si vous ne l'aviez jamais entendue auparavant ? Comment savoir qu'elle valait quelque chose ?

La radio pouvait, au début, sembler constituer une menace pour l'industrie de la musique enregistrée. Après tout, une chanson passe sur les ondes en version intégrale et, si elle a du succès, on l'entend jour et nuit. Pendant un moment, en effet, l'industrie du disque lutta contre l'idée que les stations de radio puissent diffuser de la musique en échange d'une faible rétribution, voire d'une rétribution nulle. Puis, dans les années cinquante, elle comprit toute l'utilité des stations de radio, à tel point qu'une enquête menée par le Congrès américain découvrit que les labels soudoyaient les disques-jockeys pour passer leurs disques.

Quelques décennies plus tard, les labels ont de nouveau regimbé à l'idée de céder à la demande insistante de la chaîne MTV de lui fournir des clips musicaux réalisés à grands frais – et ce pour pas un sous ! Il a fallu un ou deux ans pour qu'ils comprennent que MTV fabriquait des succès musicaux et que la distribution gratuite se révélait le meilleur moyen de vendre de la musique.

Comme le dirigeant d'un label le sait bien, vous ne paierez rien pour écouter une chanson à la radio mais, si elle vous plaît, vous débourserez volontiers 15 Euros pour le CD. Et si vous aimez ce CD, vous serez susceptible de payer 40 Euros le billet d'entrée à un concert, à l'issue duquel vous risquez de vous convertir en contaminateur fanatique qui contaminera vraisemblablement ses amis et ses voisins par ses propos dithyrambiques sur le groupe, la musique et même les souvenirs vendus sur place !

Il semblerait que l'Histoire se répète. Au lieu d'adopter Napster, logiciel qui permet à des millions de mélomanes de partager leurs collections de CD avec d'autres, les patrons des maisons de disques, alliés au groupe de hard rock Metallica, se plaignent une fois de plus du modèle de distribution gratuite. Mais, même s'ils finissent par avoir gain de cause au tribunal (ce qui est possible), cela ne changera rien à l'affaire. Car il existe déjà des dizaines de technologies (comme Gnutella) qui attendent de prendre la place de Napster, et chacune d'entre elles sera plus difficile à écraser que la précédente.

Patience ! Au lieu de harceler Napster, les labels feraient mieux de trouver le moyen de passer des accords de licence avec Napster et les autres, sans doute en échange de la promotion intensive de leurs meilleurs groupes. Pourquoi ne pas me laisser m'abonner à mon groupe favori, ce qui me permettrait d'assister à des spectacles publics ou à des concerts privés, ou encore d'acquérir des T-shirts ? Je suis certain que si le groupe Grateful Dead existait encore, sa première source de revenu ne serait pas les CD mais les souvenirs, suivis de près par les concerts *live*. Est-ce que cela correspond aux désirs des maisons de disques ? Aucune importance. C'est ce qui se passera sur la Toile, quelles que soient les réactions de ces dernières.

Le CD va-t-il disparaître ? A coup sûr, et ce, indépendamment du destin de Napster. L'avenir de l'industrie du disque dépendra de la capacité de ses dirigeants à redéfinir leur travail en fonction des événements qui suivront le déclenchement du virus généré par Napster ou son successeur.

C'est votre dernier mot ?

Quand un contaminateur est prêt à propager votre idée virus, que doit-il dire ? Cette question semble simple, voire idiote, mais elle concerne le fond du problème, qui consiste à déterminer le niveau de facilité que vous pouvez attacher à votre virus. Si vous donnez aux contaminateurs des consignes efficaces et faciles à suivre, ils les appliqueront vraisemblablement, leur but étant, de toute façon, de répandre le virus.

Dans l'émission télévisée « *Who Wants to Be a Millionaire ?* », devenue « Qui veut gagner des millions » en France, les producteurs ont tenu, entre autres pour des raisons juridiques à ce que le présentateur, Regis Philbin, tout comme son homologue français, Jean-Pierre Foucault répète la question clé : « C'est votre dernier mot ? » jusqu'à la nausée. Mais cette rengaine est devenue un outil puissant et facile à manier pour les contaminateurs qui veulent répandre le virus. J'ai dû entendre cette phrase une cinquantaine de fois et la lire des dizaines de fois dans les colonnes des journaux avant même d'avoir vu l'émission.

En donnant aux spectateurs fidèles un slogan en quatre mots, les producteurs ont créé (intentionnellement ou non) un raccourci efficace qui évoque leur émission. Hotmail a utilisé de la même façon le *sig file* figurant au bas de chaque courrier électronique gratuit envoyé. Grâce à cette « signature » et sans aucun effort supplémentaire de la part du contaminateur, le mode d'emploi précis pour l'utilisation Hotmail est diffusé à tous les destinataires de messages électroniques passant par ce fournisseur.

Buffalo Springfield et les Beatles ont fait la même chose avec certaines de leurs chansons. Quelques notes seulement – qui ne demandent que quelques brèves secondes d'attention de la part de l'auditeur – leur suffisaient pour exposer leur « idée ». Ce soin apporté aux premières harmonies d'un morceau a permis aux producteurs de musique pop (ainsi qu'à Beethoven, d'ailleurs) d'atteindre une grande facilité de diffusion. On a moins de mal à partager une chanson quand on peut en fredonner l'air.

Internet peut constituer un outil puissant en la matière, et il est valable pour la plupart des idées. A quoi ressemblerait donc un site Web pour contaminateurs ?

Le premier contact, la première impression et la première visite doivent être parfaits. Ils doivent être rapides. Ils doivent contenir exactement les éléments qui, selon vos recherches et vos essais, captiveront le plus efficacement l'attention du visiteur qui atterrit sur le site pour la première fois. A ce moment précis, c'est vous qui êtes aux commandes. A vous de vous arranger pour que ça marche.

Le site devrait par ailleurs regorger d'outils qui facilitent vraiment le passage du statut de simple visiteur à celui de contaminateur. Dégagez le terrain et donnez au contaminateur quelque chose à partager. Faites comme Tom Peters (www.tompeters.com) : présentez tous vos transparents Powerpoint. A ce stade, ne demandez ni inscription, ni permission. Laissez-les venir, vendez-leur l'idée, puis donnez-leur les outils (gratuits) à partager.

Douze idées virus qui méritent réflexion

Entreprise	Idée choc	Véhicule de diffusion
Polaroïd	Photographie instantanée	« Hé ! Regardez donc ça ! » vous exclamez-vous lors d'une soirée.
Tupperware	Le meilleur système de rangement pour aliments	Arrangez-vous pour que vos amis vendent à leurs amis – marketing à plusieurs niveaux.
Fax	Documents livrés par téléphone	Plus vous vendez à vos associés en affaires, et mieux votre machine fonctionne.
Home Shopping Network	Les achats *via* la télévision par câble	« Hé ! regardez ce qu'ils vendent sur Home Shopping », apprenez-vous à vos amis par téléphone.
Fast Company	Journal de la Nouvelle Économie	Company of Friends : réunion mensuelle des lecteurs locaux du magazine.
Carmine's Restaurant	Des tonnes de nourriture, des tonnes d'ail	Réservations à partir de six personnes – vous devez vendre l'idée à vos amis pour entrer.
Beanie Babies	Peluches de collection	Si d'autres personnes commencent à en accumuler, votre collection prend de la valeur.
Gamesville	Des jeux qui vous scotchent sur le Web	Grâce à la « souris-à-oreille », envoyez un e-mail à vos amis pour les inviter.

Hotmail	Courrier électronique gratuit	Complètement viral; chaque mail envoyé en fait de la publicité.
Tommy Hilfiger	Vêtements de style BCBG tirant sur le chic	Virus du logo : plus vous le portez, et plus les gens le voient.
« La cathédrale et le bazar »	Logiciel ouvert et gratuit	Permet aux contaminateurs efficaces de répandre une idée en leur donnant un manifeste fort à partager.
Vindigo	Guide touristique Zagat sur mon Palm	Un ami peut l'importer en quelques secondes.

Pourquoi j'adore les listes de best-sellers

L'un des moments critiques dans la dissémination d'une idée virus survient quand le consommateur pose cette question avant de se lancer : « Cela vaut-il la peine que j'y consacre du temps/de l'argent ? »

Bien sûr, la recommandation de telle personne compte pour moi. Bien sûr, je veux avoir l'air aussi bien qu'elle, aussi intelligent qu'elle, m'amuser autant qu'elle. Mais l'opinion de tout le monde m'importe aussi. Car aucun individu ne peut être aussi malin que nous tous à la fois !

Cette popularité se renforce le plus souvent de la façon suivante : l'utilisateur entendra parler d'une nouvelle idée virus par plus d'une personne, en général par un contaminateur erratique, quelqu'un qui émet sa recommandation en échange d'un gain ou qui, en tout cas, semble toujours être en train de recommander quelque chose. Chacun a sûrement une connaissance qui mange tous les soirs au restaurant, qui écoute tous les CD fraîchement sortis ou qui adhère à la dernière théorie étrange du complot qui a pu s'emparer des insomniaques. Mais il arrive aussi que l'on reçoive ensuite cette même information d'une autre source. Puis encore d'une autre. On finit par comprendre qu'il se passe réellement quelque chose et on fait son enquête.

Dans le monde réel, c'est généralement par la vue ou par des interactions physiques que se produisent ces renforcements. L'an dernier, dans le métro, j'ai aperçu un jeune portant sur la tête ce qui avait l'air d'être un bas noir. Le long de l'ourlet, on pouvait lire l'inscription « Tommy Hilfiger ». Cela m'a paru quelque peu bizarre, mais je ne m'y suis pas attardé. Quatre jours après, j'ai vu quatre autres couvre-chefs Hilfiger, puis, une semaine plus tard une bonne dizaine. Si j'avais été à la recherche du véritable chic urbain, j'en aurais certainement acheté un, ne fût-ce que pour protéger ma calvitie – devenue ma marque de fabrique – des vents hivernaux.

La Coccinelle VW a connu une propagation semblable. Il y en a eu d'abord une dans mon quartier, puis quelques-unes, puis une dizaine. J'ai conclu de tous ces renforcements que ce ne serait pas prendre un grand risque que d'envisager à mon tour l'achat de cette voiture et je suis allé chez mon concessionnaire pour y jeter un coup d'œil.

Sur Internet, les règles sont très différentes. Là, point de monde physique auquel on pourrait se confronter. A la place (et ce qui est mieux pour le statisticien qui dort en chacun de nous), il existe de véritables compteurs numériques ainsi que des listes précises et constamment remises à jour des articles les plus vendus. Pas besoin de deviner ni de se perdre en conjectures. Le vrai scoop.

Amazon.com répertorie et classe plus d'un million de titres. On peut ainsi connaître la popularité de n'importe quel livre par rapport à n'importe quel autre dans le monde, savoir immédiatement ce qui est recherché et ce qui ne l'est pas. MP3.com a fait la même chose dans le domaine de la musique. Un morceau joué de plus en plus souvent progresse sur sa liste numérique de best-sellers. Car la loi de Zipf est aussi de mise ici : les morceaux de tête sont téléchargés bien plus souvent que ceux qui occupent les secondes places.

On recourt au même type de calcul quand on consulte la liste Mediametrix des sites Web les plus visités ou le classement des films proposé par *Variety* (certaines personnes ont vu *Titanic* uniquement parce qu'elles étaient persuadées que tout le monde l'avait vu). Il existe des classements pour les meilleures ventes de voitures, de vodkas ou même pour les dirigeants les mieux payés.

L'une des meilleures stratégies pour faciliter l'adoption de votre idée virus est de repérer la liste appropriée des meilleures ventes et de vous positionner en tête. En cas d'impossibilité, imaginez le moyen de créer votre propre liste et de la faire connaître !

Il ne s'agit pas que d'une simple conjecture. Dans un article qui a fait date, Kirk Hanson, professeur à la Stanford Business School, démontre cette idée de façon très convaincante. Son équipe a artificiellement modifié le classement des fichiers téléchargeables sur le Web (elle a téléchargé à répétition un fichier donné pour le faire monter dans le classement). Le résultat ? Les fichiers les plus téléchargés le sont de plus en plus souvent ! Rien en dehors du décompte n'avait changé, mais les utilisateurs semblent tenir à consulter les fichiers les plus appréciés. Simple mais vrai.

Vous voulez lancer un nouveau cocktail fait à partir d'une liqueur déjà produite par votre entreprise ? Pourquoi ne pas trouver le bar qui convienne, celui que fréquentent les contaminateurs efficaces dans la ruche ciblée ? Puis payez le bar pour afficher une « liste des boissons les plus vendues ». Maintenant, soudoyez suffisamment de consommateurs pour y aller et s'offrir un verre. Vous constaterez bientôt que votre mélange grimpe dans la liste des boissons les plus vendues, et ce seul fait devrait suffire pour pousser d'autres consommateurs – ceux qui se laissent moins facilement acheter – à l'essayer.

Certes, les échantillons ne permettent pas toujours de répandre un virus, mais, sans cette technique, vous n'avez finalement aucune chance.

Comment une parodie de *Star Wars* s'est vendue mieux que l'original

Selon *USA Today*, une parodie vidéo appelée *George Lucas in Love* se vend actuellement mieux sur Amazon.com que le nouveau film *Star Wars*. Comment est-ce possible ? Comment le tout-puissant studio Twentieth Century Fox peut-il se voir damner le pion par un film bricolé d'une durée de neuf minutes ? Parce que cette parodie est une idée virus. Et parce que le Net est le véhicule idéal pour la diffuser.

Autrefois, le réalisateur d'un film avait besoin de salles de cinéma implantées dans tout le pays pour le diffuser. Cela dépasse de loin les moyens d'un simple entrepreneur, quelle que soit la qualité de son film. Les cassettes vidéos ont certes égalisé quelque peu les chances (la société de location Blockbuster propose désormais des centaines ou des milliers de titres), mais il est toujours difficile, long et coûteux de s'imposer dans la distribution à l'échelle nationale.

Or l'avènement d'Amazon.com change complètement la donne. En effet, cette librairie en ligne se flatte de proposer pratiquement tout. Puisqu'elle n'a pas de problèmes d'entreposage, elle ne prend pas beaucoup de risques à incorporer un titre de plus à son catalogue. Et l'entrepreneur peut certainement trouver sa cassette parmi les milliers d'autres titres disponibles.

La distribution physique se révèle donc être l'aspect facile du problème. Mais comment répandre l'idée ?

D'abord, la parodie en question comble un vide que l'on pourrait qualifier ainsi : « Une nouveauté amusante et intéressante autour de *Star Wars*. » Le lancement de la cassette vidéo a certainement dû se dérouler dans l'indifférence la plus totale, l'engouement pour le long métrage s'étant déjà essentiellement épuisé. La cassette de la parodie trouverait-elle beaucoup d'acheteurs ? Sans doute, mais il n'y avait là rien d'une nouveauté.

Et voilà que je reçois un jour un e-mail d'un ami m'informant qu'il a vu une petite vidéo absolument tordante, à mourir de rire. Je me dépêche de cliquer sur Amazon.com (à partir de son lien d'adhérent, d'ailleurs : il est peut-être un contaminateur efficace, mais il tire aussi des avantages de ce virus). Là, je dénombre plus d'une centaine de critiques, toutes élogieuses, et je constate que ce petit film est un best-seller. Je me dis alors que l'affaire ne comporte aucun risque : cela vaut certainement 10 Euros et quelques minutes de mon temps. J'achète la cassette. Après l'avoir visionnée, j'en informe cinq de mes amis, cette fois-ci en utilisant mon lien d'adhérent.

On a là le mode de diffusion classique d'une idée virus. Certes, la contamination aurait été plus rapide si le réalisateur avait mis sa vidéo en ligne gratuitement, mais il restait obsédé par l'idée qu'il fallait tout de suite gagner de l'argent. En effet, le coût et le délai de livraison ont beaucoup ralenti la dissémination du virus, mais, en même temps, cette démarche a permis un assez bel équilibre : un virus plutôt lent à se répandre en échange de quelques dizaines de milliers d'Euros (et probablement à la clé un contrat avec une société de production pour la réalisation d'un vrai film).

A la place de ce parodiste, j'aurais probablement diffusé des extraits comiques du film à basse résolution sur Internet : puisque cela se fera de toute façon, le réalisateur a intérêt à en prendre l'initiative, qui lui permettra de contrôler ce que les contaminateurs disent tout en accélérant la circulation du virus.

Wassup ?

C'est un courrier électronique qui m'a appris l'existence d'un film d'animation qui fait la parodie de l'incontournable publicité *Wassup* pour la bière Budweiser. Un petit malin en avait apparemment extrait la bande sonore et remplacé les acteurs de la partie vidéo par les personnages de la vieille série animée *Superfriends* (Batman, Superman et Aquaman), qui s'échangent les répliques de l'original en s'envoyant quelques bières.

En cliquant sur un lien (soulignons avec quelle facilité on passe de la curiosité au premier contact possible avec le virus), je découvre que ce détournement est disponible sur un site réputé et que c'est un des fichiers les plus téléchargés (encore une liste de best-sellers !). Très vite, je suffoque de rire, car c'est vraiment drôle. Bien sûr, il faut que j'en informe trois amis, et c'est ce que je fais. Cela devient contagieux.

Quelques semaines plus tard, un site lance une autre parodie *Wassup* qui donne la vedette au petit réfugié cubain Elian Gonzales en se servant d'une photo de l'Associated Press. Mais cette fois, le virus se répand bien plus vite : en moins de vingt-quatre heures, ce sont 100 000 personnes qui l'ont vu.

Pourquoi une telle vitesse de dissémination ? Parce que tous ceux qui avaient apprécié la parodie *Superfriends* ne se sont pas fait prier pour attraper cette nouvelle souche du virus. En exploitant un terrain déjà propice, les spécialistes du marketing ont donc pu répandre leur message sans beaucoup d'efforts. (Bien entendu, il y a là un paradoxe, vu le rapport positif entre les idées virus et le vide. Dans ce cas, il n'y avait pas de vide, la blague *Wassup* étant déjà galvaudée. Ainsi, pour avoir un impact, le nouveau film a dû innover par rapport à son prédécesseur et l'égaler, voire le dépasser en drôlerie. Mais une fois cet obstacle franchi, tout le reste coulait de source.)

En l'occurrence, cependant, le cycle de la parodie se termina différemment, puisque l'Associated Press, dans un courrier enflammé, accusait le site abritant le virus de violation de ses droits de copyright (notons que l'agence de presse ne s'intéressait pas le moins du monde à la protection du droit à la parodie). Résultat : le film a disparu de la Toile.

Dès lors qu'une œuvre diffusée sur un support numérique remporte un certain succès, elle donnera inévitablement naissance à une parodie ou, à tout le moins, à une utilisation qui ne fera pas plaisir à son auteur. Mais si votre création atteint une telle popularité, vous auriez plutôt intérêt à adhérer à ce détournement plutôt qu'à le combattre. Budweiser a eu pour sa part la sagesse de laisser le virus se répandre librement. Etre parodié sur Internet constitue un raccourci qui permet à cette marque de bière de pénétrer encore plus profondément dans le subconscient du consommateur.

Juger un livre par sa couverture

Personne ne contestera l'idée qu'une bonne couverture peut déterminer le succès (ou l'échec) d'un livre. J'ai rarement lu quelque chose d'aussi drôle que *Turn of the Century*, de Kurt Andersen, qui ne s'est pourtant pas vendu aussi bien qu'il aurait dû. Pourquoi ? En partie à cause de sa couverture, l'une des pires qu'il m'ait été donné de voir.

Souvenez-vous que la quête de la Méduse est le plus souvent sans espoir. Qui plus est, la contamination du consommateur, déjà difficile quand l'idée virus se limite à une simple image, devient pratiquement impossible dès lors que cette image est rebutante, incohérente ou insipide. Le crime le plus grave que vous puissiez commettre est probablement d'ennuyer. Qu'il s'agisse d'un livre, d'une voiture, d'une carte à échanger ou même l'étiquette d'une infusette, la solution ennuyeuse est la plus évidente, mais aussi la plus mauvaise.

Vous n'avez pas épargné vos efforts pour élaborer le « contenu » de votre produit. Vous avez raffiné votre idée, vous l'avez testée, corrigée et perfectionnée pour assurer sa force. Vient ensuite le moment de lui donner un extérieur, un emballage. Selon la logique qui prévaut en la matière, il faut trouver une présentation qui soit attrayante sans être agressive, qui attire l'attention de tout le monde sans choquer qui que ce soit.

C'est, bien sûr, une absurdité, puisque aucune présentation ne peut plaire à tout le monde sans déranger personne. Les meilleures images font l'effet d'un verre d'eau froide que l'on vous a jeté à la figure. Elles enfreignent une ou plusieurs des règles du design graphique ou du secteur d'activités concerné. Elles se servent d'images existantes tout en leur apportant une modification essentielle. Criardes, elles attirent le regard et le retiennent. Et, par-dessus tout, elles nous intriguent suffisamment pour nous disposer de comprendre ce qu'il y a à l'intérieur : nous nous mettons en condition pour être exposé au virus.

Le lancement du nom et du logo de Yahoo ! a démoli toutes les règles consacrées du marketing. Son cofondateur Jerry Yang serait d'ailleurs le premier à vous dire que, dans un monde peuplé de Lycos, AltaVista, InfoSeek et Architect/Excite, Yahoo ! avait toutes les chances de son côté. En effet, Yahoo ! est facile à orthographier, facile à dactylographier et facile à prononcer. Ce mot avait en outre de la personnalité, et il signifiait quelque chose.

Y avait-il une part de risque ? Je ne le crois pas. Mais pour Lycos, avec son nom fade, difficile à écrire et n'évoquant rien, il y en avait bien.

Être le « plus »

Il semblerait qu'une bataille fait rage depuis plusieurs années pour le titre de « sauce la plus piquante du monde ». Au début, la confection d'une sauce relevée demandait une certaine quantité de piment. Si, en plus, l'on se servait des piments dits Scotch Bonnet (prétendument les plus forts du monde), on obtenait la sauce la plus piquante de la Terre. Puis, un jour, un savant fou a découvert le moyen de n'extraire que l'essence d'une purée de cette variété de piments exceptionnellement forts. Grâce à la chromatographie ou je ne sais quelle autre technologie du diable, il a pu fabriquer une sauce qui est plus d'un million de fois plus piquante que le piment courant.

Pourquoi cet acharnement ? Parce que conquérir la place de la sauce la plus forte de l'histoire est l'équivalent gastronomique d'être la *Joconde* dans le domaine de la peinture. Parce que si j'ai mangé un *chile con carne* assaisonné de cette sauce batteuse de records, je vais sûrement le dire à mes amis. Je vais répandre le virus de la sauce extra-forte. Si, par contre, cet assaisonnement arrive seulement en deuxième ou en troisième place, la nouvelle n'intéresserait personne.

Il y a toujours une place à prendre dans une liste quelconque de records mondiaux : le plus grand joueur de basket, l'ordinateur le plus rapide, le restaurateur le plus désagréable. On remarque celui qui est en pole position. C'est un scoop qui vaut la peine d'être communiqué.

L'entreprise de mon père domine le marché du berceau d'hôpital, étant donné qu'elle fabrique la plupart des berceaux utilisés dans les hôpitaux du monde entier. Les modèles standards, qui coûtent entre 700 et 2 000 Euros, sont inusables. Comment développer encore cette activité ? Comment attirer davantage d'attention sur le produit et en augmenter les ventes ? Ses ingénieurs ont trouvé un hôpital de pointe avec lequel ils ont mis au point le meilleur berceau pour hôpital du monde (et le plus cher). Muni de toutes les options, il coûte 7 000 Euros, et pourtant, il se vend comme des petits pains, en Amérique comme en Asie. Pourquoi ? Parce que ce produit mérite que l'on en parle. Parce qu'il incarne une idée qui vaut la peine d'être partagée.

Si Google.com enregistre autant de trafic sans jamais avoir consacré d'argent à la publicité, c'est parce qu'il est le moteur de recherche le plus rapide et le plus complet à avoir vu le jour. Les mordus d'informatique et les magazines spécialisés n'hésiteront pas à claironner sur Internet l'idée qu'il y existe désormais un moteur plus rapide et meilleur que ses rivaux déjà installés.

Lorsque vous envisagez le lancement d'un virus, que ce soit dans le monde des affaires ou dans la seule sphère privée, il faut définir les caractéristiques pouvant vous permettre de prétendre au titre de « meilleur » ou de « plus ». Comment aiguiser et amplifier ces caractéristiques pour créer un produit qui surclasse tous les autres de sa catégorie, pour en faire un détenteur de record digne d'être mentionné ? Et, tant qu'on y est, s'il n'y a pas de vide à votre disposition (car rares sont ceux qui ont la chance d'en trouver un), vous devrez faire dix fois mieux que les joueurs déjà établis si vous voulez lancer votre propre virus.

Apologie de la domination planétaire

Mais le ciblage ne suffit pas. Pas plus d'ailleurs que de détenir le record de votre catégorie. Vous devez également dominer votre ruche. Avoir à votre actif 5 000 fanatiques délirant à votre sujet, que demander de plus ? A moins, bien sûr, que votre public cible ne soit la population du

Massachusetts, auquel cas vous aurez besoin de plus de monde que cela pour dominer le marché. Sans l'aide du renforcement, votre virus risque de s'essouffler. Si des contaminateurs ne se font pas entendre à répétition, votre virus va ralentir et finira, avec le temps, par mourir.

Imaginez plutôt que vous avez 5 000 fans à l'université Stanford, qui forme une tribu de 15 000 personnes environ. Vous avez dans ce cas de grandes chances d'exposer tous les autres membres de cette ruche à votre virus. Pourquoi ? Parce que, si chacun des 5 000 premiers *aficionados* parle de votre virus, ne fût-ce qu'à quelques personnes, vous aurez déjà touché plusieurs fois l'ensemble de cette population. Et si l'idée a une quelconque valeur virale, c'est probablement suffisant pour dominer tout le campus. Même les retardataires se laisseront entraîner quand ils verront tous les autres s'y adonner (même les comptables de mon ancienne entreprise dansaient la Macarena à la fête de Noël du bureau).

Malcolm Gladwell a donné à ce stade de l'évolution d'un virus le nom de « point de basculement ». La création et la propagation d'une idée virus, explique-t-il, ne suffisent pas, car vous empochez votre gain le plus important quand votre virus double de taille, quand vous avez tellement dominé la ruche que les derniers traînards (qui sont souvent ceux qui rapportent le plus) ne peuvent plus s'empêcher d'entrer dans le jeu. Ils paient parce qu'ils ont entendu tellement de contaminateurs respectés en parler qu'ils ont l'impression de ne plus avoir d'autre issue que de sauter dans le train en marche.

Cette vision correspond tout à fait à l'expérience d'AOL. Il y a quelques années de cela, ce fournisseur d'accès dépensait 300 Euros en frais de marketing pour acquérir chaque nouvel abonné. Car tous ces CD que recevaient gratuitement les lecteurs de magazines étaient coûteux, en dépit de leur efficacité. Mais comment justifier une dépense unitaire aussi importante alors que la valeur de l'abonné moyen pour toute sa « durée de vie utile » arrivait tout juste à 124 Euros ? Jan Brandt, la femme géniale qui se cachait derrière cette campagne, avait compris que si elle pouvait gagner à ce moment coûteux de la courbe, le jeu s'infléchirait bientôt en sa faveur. Elle savait que, dès qu'elle aurait conquis le gros du bataillon et étendu sa domination sur la ruche de ceux qui s'apprêtaient à se lancer sur Internet, la génération suivante d'utilisateurs serait moins coûteuse à attirer.

La suite des événements lui a donné raison. Une fois l'hégémonie d'AOL établie sur les nouveaux utilisateurs du Web, un réseau de contaminateurs efficaces s'était constitué. Ces derniers tiraient leur prestige du fait qu'ils avaient été jusqu'à une date récente de nouveaux utilisateurs. En tant qu'ex-néophytes, ils avaient donc la crédibilité nécessaire pour convaincre les utilisateurs potentiels qui se trouvaient tout juste derrière eux sur la courbe d'apprentissage. Ils étaient écoutés, car ils avaient déjà fait leur essai, et leur expérience personnelle avait plus de poids que tout ce qu'aurait pu raconter un commercial.

Si le virus jouissait à son tour d'une certaine autorité, c'est parce que toutes les listes de « best-sellers » donnait à AOL la meilleure place, et de loin, parmi les fournisseurs d'accès aux Etats-Unis. Aujourd'hui, le quidam habitant le coin le plus reculé de la Terre et qui, hier encore, n'avait pas la moindre idée de ce qu'était Internet peut fièrement recommander AOL à son voisin de pallier. Le coût d'acquisition des nouveaux abonnés est désormais retombé chez AOL à 100 Euros environ : le virus a atteint son point de basculement.

Il faut néanmoins prendre un grand nombre d'initiatives intéressantes avant d'en arriver là. Le virus doit déjà s'être répandu, et le spécialiste du marketing intelligent trouvera certainement matière à exercer ses talents pour y parvenir.

L'hégémonie sur la ruche est fondamentale dans le démarrage du virus. Mais la plupart des spécialistes du marketing font l'erreur de commencer par une ruche trop vaste. Le Salon de l'électronique grand public, l'une des plus grandes foires commerciales du monde, regroupe à Las Vegas des centaines d'entreprises qui dépensent des millions d'Euros dans l'espoir de dominer la scène. Pourtant, aucune n'y parvient, et c'est pourquoi il est si rare qu'un virus soit lancé lors de cette manifestation. Il y règne tellement de bruit que les contaminateurs efficaces les plus estimés n'y découvriront aucune recommandation attrayante et sans risque pour leur crédibilité.

Le spécialiste du marketing éclairé empruntera une voie différente. Il lancera son produit à Démo, à Spotlight ou encore à la conférence d'Esther Dyson, manifestation d'une envergure beaucoup plus modeste mais qui rassemble une plus grande concentration de contaminateurs efficaces. Là, pour à peu près la même somme qu'il vous en aurait coûté pour murmurer à Las Vegas, vous pouvez complètement dominer la discussion.

Aller au ciné gratis

S'il existe une association de contaminateurs efficaces, c'est bien l'Academy of Motion Picture Arts and Sciences. Ce regroupement d'acteurs, de scénaristes et de réalisateurs œuvre depuis près d'un demi-siècle pour le rayonnement du cinéma, et sa popularité et son influence semblent se renforcer d'année en année. Tout film qui remporte un Oscar est assuré d'un minimum de succès au box-office et, encore mieux, de bonnes ventes de cassettes vidéos pendant un certain temps. Quant à l'acteur récompensé à la cérémonie des Oscars, il repart avec une étiquette qui exercera une influence durable sur sa carrière.

Combien doit donc payer un membre de l'Académie pour voir un film ? Eh bien, oui, rien. Non seulement il ne débourse pas un sou, mais les studios sont enchantés de lui livrer leurs derniers films à domicile, en VHS ou DVD. Pourquoi lui donner gratuitement un film ? Pas de mystère dans ce cas. L'effet multiplicateur obtenu dès lors qu'une rumeur favorable commence à circuler parmi les membres de l'Académie vaut largement le prix de cette distribution de cassettes vidéos gratuites. En fait, les avantages en sont tellement indiscutables que des studios de production comme Miramax se sont vus accuser d'avoir essayé d'acheter des Oscars en prodiguant des centaines de milliers d'Euros en frais de promotion aux membres de l'Académie.

Mais, puisque tout cela est l'évidence même, pourquoi l'évoquer? Parce que votre idée, quel que soit son marché cible, peut certainement compter sur un groupe semblable. Peut-être est-il moins facile à découvrir ou à atteindre que l'Académie, mais il existe des contaminateurs efficaces pour toute idée ou presque. Cela reproduit le paradoxe de l'argent, sauf sur une échelle plus réduite. Ce n'est pas bien compliqué de repérer ces contaminateurs et de leur donner un échantillon de votre idée gratuitement. Vous aurez encore plus intérêt à leur en faire part avec du mordant.

J'ai récemment rencontré un dirigeant du marketing de Hongkong. Il est en train de mettre sur pied une entreprise qui a pour cible le marché des soins de santé et celui des services financiers. Il détient une idée forte et, s'il parvient à persuader quelques contaminateurs clés dans ces secteurs, la plupart des autres entreprises suivront à coup sûr. Il a eu la chance d'avoir été invité à parler devant un rassemblement des principaux dirigeants des services d'informations des institutions financières qu'il vise. Il a eu le tort de ne prévoir que de leur faire un discours.

Quelle aubaine! Quel bonheur de pouvoir s'adresser en une seule fois à tous les contaminateurs clés et de dominer la ruche! Après avoir fait les calculs, nous avons conclu que, même s'il devait offrir une BMW à chacun des participants, le jeu en vaudrait la chandelle.

Quand vous avez l'occasion de dominer non seulement une ruche, mais les contaminateurs en son sein, il ne faut pas regarder à la dépense. Ne vous contentez pas de prononcer un discours vantant l'excellence de votre produit. Faites intervenir trois clients satisfaits de vos services pour raconter en personne leur histoire. Ne vous bornez pas à prendre la parole, puis à solliciter les questions de l'auditoire. Financez plutôt un cocktail après la conférence qui vous permettra de rencontrer tous les participants et de répondre à leurs interrogations. Ne vous limitez pas à des propos sur la sécurité que donne votre produit. Préférez offrir à chaque participant une mallette de premiers secours pour sa voiture. En vous concentrant sur ce moment clé, en surinvestissant, vous préparez le terrain pour la dissémination d'un virus à venir.

Comment une idée virus peut diriger la Bourse

A bien y réfléchir, on se rend compte que la Bourse n'est guère plus que le lieu d'échange de milliers d'idées virus. (Vous avez bien lu, de milliers d'idées virus. Une idée ne doit pas dominer une culture dans son entièreté pour devenir virale; certaines idées ne durent que quelques jours dans une ruche particulièrement isolée avant de disparaître.) Quand vous achetez un titre, vous n'obtenez rien de véritablement concret : il ne représente que le droit d'être revendu à un autre acheteur le lendemain. Si un virus positif prend et que la demande de votre action décolle, vous avez gagné.

Le respect du marché pour le principe de l'idée virus commence avant même que l'entreprise ne fasse appel public à l'épargne. Le choix d'une banque d'investissements pour votre introduction en Bourse constitue le premier pas. Des firmes comme Goldman Sachs ou Alex Brown sont des contaminateurs efficaces (même s'ils se laissent facilement acheter pour des millions d'Euros en commission de garantie par des entreprises désireuses de se voir inscrites à la cote). Dès lors que l'une de ces banques recommande vigoureusement un titre aux investisseurs institutionnels, le virus démarre du bon pied. L'autre démarche – passer par une banque d'investissements plus petite, moins respectée (et peut-être meilleur marché) – conduit, avec une certitude presque totale, à un succès moindre.

L'étape suivante consiste à fixer le cours d'émission. La coutume qui prédomine actuellement consiste à sous-évaluer l'action afin d'entraîner, par cette manœuvre, une augmentation pharamineuse de sa valeur le jour même de l'introduction. Il n'est pas rare qu'une nouvelle émission (comme Globe.com, Martha Stewart Omnimedia ou Street.com) voie son prix bondir de façon spectaculaire dès le premier jour de cotation. Comment expliquer une telle pratique? Pourquoi laisser tout cet argent sur la table pour que quelques investisseurs chanceux puisse le remporter à la place de votre entreprise? La réponse est simple et s'articule en deux volets :

D'abord, récompenser les contaminateurs efficaces qui ont le privilège de souscrire à votre IPO, c'est optimiser les chances de les faire participer effectivement et parler à leurs amis moins puissants, mais néanmoins plus nombreux, de ce nouvel investissement plein de promesses. Ensuite, la hausse rapide du cours dès le premier jour de cotation permet à d'autres contaminateurs efficaces (les médias et les courtiers avec lesquels vous n'avez pas de contact direct) d'exprimer leur enthousiasme au prochain contingent d'actionnaires potentiels à toucher. Autrement dit, il s'agit là d'un marketing à bon marché, d'une manière de transmettre de façon convaincante un renseignement (sur une valeur dite brûlante) à un grand nombre de personnes.

Une fois l'action inscrite à la cote, l'émetteur a du pain sur la planche. Il doit travailler la ruche – cette communauté d'intermédiaires répartis sur plusieurs niveaux entre les titres offerts et les investisseurs souhaitant les acheter – pour y dénicher les contaminateurs les plus écoutés et les inciter à parler de l'action.

Première cible : les analystes financiers qui suivent le titre en question. Là encore, le marché considère que ce groupe réunit des contaminateurs efficaces (dès qu'un analyste eut conseillé d'acheter Amazon. com, le prix de l'action doubla en quelques jours seulement). En courtisant le milieu des analystes, une entreprise peut parvenir à faire connaître l'« histoire » qu'elle a créée autour de son action. Il ne faut surtout pas sous-estimer la puissance de cette histoire. Il n'existe pratiquement aucune autre méthode pour persuader quelqu'un de parler d'une action. On ne peut ni voir, ni toucher, ni sentir une valeur mobilière ; elle se réduit au droit théorique de gagner de l'argent dans l'avenir. Par conséquent, l'histoire doit être à même d'expliquer pourquoi l'action qui se vend à tel prix aujourd'hui vaudra le triple demain.

Le courtier joue un rôle fascinant dans la dissémination des idées virus à la Bourse. N'oublions pas qu'il ne gagne rien tant que personne n'achète. La stratégie d'acheter et de conserver des titres entraînerait la ruine de la plupart des courtiers, puisqu'ils sont rétribués pour les seules transactions réalisées et payés à la commission. Et pourtant, les courtiers passèrent, pendant des décennies, pour des contaminateurs efficaces, notamment auprès de ceux qu'ils avaient déjà aidés à s'enrichir. En réalité, ils ont toujours été des contaminateurs erratiques, mus par l'appât du gain (que ce soit à court ou à long terme). Le « bon » courtier en Bourse est celui qui comprend que, s'il remet à plus tard la possibilité de gagner de l'argent et qu'il préfère aider ses clients à empocher des gains à long terme, il augmentera régulièrement sa clientèle.

Cependant, l'univers boursier est en train d'évoluer. La clientèle se tourne de plus en plus vers le courtage en ligne et, surtout, elle trouve des informations boursières sur Internet. Il semble soudain que tout le monde peut parler de la Bourse, puisque l'inscription d'un ordre au tableau d'affichage et le lancement d'une rumeur sont désormais à la portée de tous. Du coup, les idées virus boursières se répandent plus souvent et plus rapidement que par le passé. Dans un cas particulier, les marchés publics ont appris l'intention du président d'une entreprise de démissionner avant même que l'information ne vienne aux oreilles des membres de son conseil d'administration. Dans la mesure où les personnes qui affichent ces nouvelles conservent leur anonymat et agissent pour des raisons inconnues, il est peu probable qu'elles se transforment en contaminateurs efficaces. Mais le seul nombre des messages affichés (plus de 100 000 par jour sur les panneaux d'affichage de Yahoo !) signifie qu'elles jouissent de quelque influence.

Le directeur financier ou le P.-D.G. astucieux étudieront d'abord les facteurs clés de la création et de la dissémination d'une idée virus boursière. A partir de là, ils lanceront une campagne conçue pour la faire progresser à une vélocité et sur un vecteur qui lui conviennent. Mais surtout, ils veilleront à ne pas se tromper de ruche. On remarquera, par exemple, que certaines actions, comme Iomega, sont les chouchous des panneaux d'affichage en ligne. En conséquence, ces valeurs sont beaucoup plus volatiles que la moyenne. Quiconque vit par l'épée périra par l'épée…

Yahoo ! consent depuis des années des efforts considérables pour gérer l'histoire de son titre en Bourse. Gary Valenzuela, légendaire directeur financier de l'entreprise, avait trois principales obsessions :

1. Faire de Yahoo ! une valeur de premier ordre, de celles que les institutionnels aiment détenir.
2. Réaliser des bénéfices pour distinguer l'histoire de Yahoo ! de celle de ses concurrents.
3. Etablir des objectifs modestes puis les dépasser, démentant même les évaluations que les analystes font circuler à l'avance sur les résultats trimestriels de l'entreprise.

Grâce à la mise en œuvre de ces principes, l'action de Yahoo ! a invariablement et régulièrement surclassé celle de ses concurrents. Et comme l'entreprise a brillamment réussi à asseoir sa réputation de valeur sûre, elle subit moins que d'autres les fluctuations causées par les bruits de couloir. Le coût en a t-il été élevé à court terme ? Indéniablement ! La direction de Yahoo ! a souvent refusé de céder aux pressions quand le marché était à la recherche de bonnes nouvelles… ou de boniments. Elle a préféré sacrifier les bénéfices immédiats pour bâtir une histoire susceptible de devenir une idée virus aux mains des analystes et d'autres contaminateurs efficaces.

On le voit : si l'on veut prédire l'avenir d'une valeur mobilière, mieux vaut regarder au-delà de son histoire en cherchant à déterminer si l'entreprise s'attache réellement à gérer son idée virus, et ce de manière à s'orienter vers la ruche qui lui convient.

Le marketing par autocollants

J'étais, il y a quelques années de cela, une parodie ambulante du yuppie high-tech. Je travaillais comme spécialiste du marketing, assez mal payé du reste, pour une jeune SSII du Massachusetts. Je roulais en vieille Saab cabossée, et je me servais d'un Macintosh. A l'arrière de ma voiture, j'arborais fièrement un autocollant qui proclamait : « J'aimerais mieux conduire un Macintosh… ».

L'autocollant est, bien entendu, une forme très ancienne du marketing viral. J'utilisais ma voiture comme un amplificateur qui me permettait d'exposer mon message à la vue de centaines ou de milliers de personnes. Encore mieux, je concentrais le message sur une ruche bien choisie, étant donné le quartier par lequel je passais, tandis que la marque de la voiture donnait un certain pouvoir à ma contamination. Réfléchissez-y : si l'autocollant avait été placé à l'arrière d'une vieille Chevrolet rouillant dans la cour d'une ferme abandonnée de l'Oklahoma, le message n'aurait-il pas eu une réponse complètement différente ?

Ce qu'il y a de mieux dans cette technique, c'est le passage qu'a réussi Apple entre le privé (la marque d'ordinateur dont je me sers) et le public (l'annonce que je fais de ma satisfaction en tant qu'utilisateur d'un Mac).

Il existe aujourd'hui d'innombrables occasions de vendre de la même façon, et pas seulement sur le pare-brise arrière des voitures. Certains spécialistes du marketing caracolent aux côtés de leur produit, comme le poney de Ralph Lauren, qui fait de la publicité toute la journée sur votre chemise. D'autres parviennent à s'affirmer encore plus hardiment : Marlboro figurait, il y a quelques années, parmi les dix marques les plus vendues de vêtements affichant un logo.

Il faut soigneusement choisir le véhicule de votre « autocollant », mais il est tout aussi important de comprendre pourquoi quelqu'un voudra bien prendre la peine de promouvoir votre produit. Et quoi de mieux que la fierté individuelle ? Si les gens sont désireux d'éternuer en votre faveur parce qu'ils sont fiers de vous et de leur rapport à votre produit, vous tenez le bon bout. Il ne vous reste plus désormais qu'à leur fournir un moyen facile pour disséminer le virus.

Qui sera le premier à se jeter à l'eau ?

Le défi que représente toute nouvelle idée est que rares sont ceux qui veulent l'adopter les premiers ! Qui, dans le Massachusetts, a été le premier à s'aventurer dans la rivière Charles, alors que les autorités sanitaires l'avaient interdite aux baigneurs depuis des années ? Qui a été le premier à faire vacciner son enfant contre la varicelle ? Quelle entreprise a été la première à remplir électroniquement sa déclaration d'impôts ?

L'une des principales raisons pour lancer une idée virus est de donner au public un moyen gratuit et sans risque de vérifier en toute sécurité la validité de votre idée avant de s'engager. Et, avantage plus important encore, vous pouvez créer ainsi une aura autour de votre idée, une aura d'inévitabilité et d'invincibilité. Quand tout le monde parle d'une nouveauté – technique, stratégie, service, style de musique, club, cuisine –, les personnes les plus irrésolues mettent plus facilement de côté leurs craintes. Or, tout comme on hésite à être le premier à acheter un nouveau produit branché, on rechigne à essayer une nouvelle idée originale. Il y a beaucoup de gens qui sont hermétiques à la nouveauté, préférant attendre que la majorité du public ait testé et adopté la chanson, le livre ou le film du moment, avant de se lancer à leur tour.

Ainsi donc, selon la ruche que vous aurez choisie, vous devez prendre soin d'informer le consommateur de l'arrivée de votre idée. L'eau est chaude, faut-il souligner, il n'y a aucun risque à respirer l'air, votre idée est éprouvée et offre toutes les garanties de sécurité.

Pour y parvenir, il est possible de recourir aux listes de best-sellers, aux témoignages favorables ; mais vous pouvez aussi utiliser l'informatique pour faire connaître le nombre important de personnes qui ont essayé votre innovation et qui l'ont appréciée. But explicite de la manœuvre : rappeler que ceux qui ont pris le risque en sont contents. Si vous travaillez délibérément dans cet esprit, vous serez étonné de la quantité d'eau que vous pourrez extraire de la rivière, de la facilité avec laquelle vous attirez les rochers à la surface, de la puissance qu'acquiert votre message quand vous exposez les connexions ayant conduit d'une personne à l'autre. C'est grâce à cette forme active du marketing viral que certaines marques sont capables de dépasser de plusieurs coudées leurs concurrents.

Même avant d'arriver à ce stade, il importe de proposer votre idée à l'essai et par petites doses. Nombreuses sont les entreprises qui ont lancé sur Internet un produit parfait et efficace mais qui échouent malgré tout parce qu'elles exigent du consommateur qu'il consacre préalablement de longs moments à le télécharger. Or, si ce dernier ne peut pas s'en servir immédiatement, il ne comprendra jamais l'intérêt qu'il aurait à l'acquérir. Situation absurde s'il en fut : l'utilisateur ne télécharge pas le logiciel parce qu'il n'a pas de moyen de savoir s'il veut le télécharger avant de l'avoir fait.

De toute évidence, l'utilisateur qui n'a pas eu le loisir d'essayer le produit n'est pas en mesure de décider s'il le veut ou non. Mieux vaut donc lui donner plutôt une version qui n'exige pas de téléchargement et qui ne marche pas aussi bien, mais qui lui apporte un plus. Pourquoi ? Parce que ceux qui auront pu faire un essai sans devoir prendre le risque de passer des journées entières à démêler les arcanes du téléchargement sous Windows accepteront par la suite d'y consacrer du temps.

Libération des supports numériques !

Quand avez-vous acheté du sel de table pour la dernière fois ? Il y a fort à parier que vous ne l'avez pas payé très cher. Le sel est une denrée bon marché. Pourquoi ? Parce qu'une fois que le producteur possède une mine de sel et qu'il a payé la construction d'une usine de traitement, le coût de production unitaire est extrêmement faible. En outre, l'existence de nombreuses mines de sel de par le monde contraint les concurrents en lice à se disputer âprement le marché. Enfin, étant donné que tous les sels se ressemblent, personne ne voudra payer davantage pour avoir une marque particulière.

Les guerres de prix ne sont certainement pas rares dans le domaine des biens physiques. En fait, presque toutes les catégories d'articles concurrentiels qui sont entièrement matériels (complètement dépourvus d'apport intellectuel) établissent leurs prix à partir de leurs coûts.

Autrement dit, ce sont des produits de base. Lorsque ces règles sont abandonnées (comme ce fut le cas pour le prix du brut pendant l'embargo de l'OPEP), le consommateur est scandalisé.

Pour un certain nombre de raisons, cette approche du prix n'a pas vraiment commencé à s'appliquer à la propriété intellectuelle. La rédaction d'un rapport pour Chrysler ne coûte que quelques centaines d'Euros à McKinsey, et pourtant, cette grande société de conseil se fait un plaisir de le facturer quelques millions. La fabrication d'un exemplaire de plus d'un CD de Bob Dylan ne coûte que 80 cents (moins qu'un disque vinyle !), mais il se vend vingt fois plus cher.

Pourquoi ?

La principale raison en est que la matière grise est rarement un produit de base. Il existe de nombreux types de sel, mais il n'existe qu'un seul Bob Dylan. Et lorsque vous voulez l'écouter, 10 000 auditions d'un vieux tube des Village People ne combleront pas votre envie. En raison de son caractère unique, la propriété intellectuelle a longtemps résisté à la tendance à établir des prix selon le modèle des produits de base. En fait, le prix de la plupart des formes de propriété intellectuelle a augmenté. Avec une exception de taille : les produits qui sont passés d'un prix de vente très élevé à la gratuité.

Le logiciel le plus utilisé par les serveurs Web (ensemble de programmes qui font fonctionner les sites Web les plus importants) n'est pas un produit de Microsoft. D'ailleurs, il ne coûte pas 10 000 Euros : il est gratuit. Les moteurs de recherche les plus appréciés sur Internet sont également gratuits. Le prix de l'audition d'un concerto de Beethoven est passé de 30 Euros (dans quelque théâtre luxueux de Londres) à 0 Euro une fois que la radio a été inventée. On peut désormais regarder un film gratuitement sur une chaîne de télévision. L'équation de l'idée virus empêche les créateurs de virus de rester longtemps avides.

Plus votre virus touche de monde, plus il a de valeur ! Ainsi, si la nécessité de faire payer les consommateurs pour les exposer à votre virus en ralentit la dissémination, mieux vaut le leur donner. Apple vient de réduire le prix de son logiciel WebObjects de 50 000 Euros à 699 Euros, soit de 98,7 %. Pourquoi ? Parce que ses dirigeants ont compris que, si ce logiciel n'a pas un grand nombre d'utilisateurs, il n'en aura pas du tout.

Jetez un œil au site www.mp3.com, dont le nom fait référence au standard de compression audio le plus répandu. Choisissez ensuite un style de musique peu répandu comme la musique celtique et regardez la liste des best-sellers : 1 168 chansons enregistrées. Il ne s'agit pas là de versions détournées en violation flagrante des droits d'auteur. Ce sont là de vraies chansons, affichées sur le Web par les artistes eux-mêmes ou par leur label. Vous pouvez même écouter toute la chanson, pas seulement des extraits.

Comment expliquer une telle pratique ? Pourquoi permettre l'audition gratuite de tout un album alors que Bob Dylan peut faire payer le sien 16 Euros ? Envisageons le problème du point de vue du public. Un artiste inconnu a le caractère d'un produit de base ; il est l'équivalent d'une boîte de sel. Tant que les mélomanes ne savent pas ce qui le distingue de tous les autres, pourquoi donneraient-ils de l'argent pour l'écouter ? Mettons-nous maintenant à la place de l'artiste. La diffusion gratuite de ses œuvres sur le Web ne lui coûte rien puisque, une fois le disque enregistré, le coût de toute copie supplémentaire d'un MP3 revient à zéro. Et si cela lui permet d'être écouté, de lancer un virus, il échappe de plus en plus à sa condition de produit de base !

En fait, de nombreux artistes seraient prêts à rétribuer le consommateur pour écouter leur gravure MP3 s'ils pensaient pouvoir améliorer ainsi leurs chances de sortir du lot et de devenir célèbres. Vous verrez, en consultant la rubrique « Payola » de MP3.com, que l'artiste a effectivement l'option de payer pour obtenir la distribution et la promotion gratuites de sa chanson sur le Web. Puis, une fois qu'il est célèbre, il est libre, cela va de soi, de faire payer 16 Euros pour ses CD…

Mais, réflexion faite, l'est-il vraiment ?

Certes, il y aura toujours de la place pour les disques de collection. Pour des manifestations publiques, pour des guitares signées. Mais dès lors qu'un produit n'incarne plus ce qu'il y a de plus recherché, de plus branché ou de plus rare, pourquoi l'artiste qui prend soin de ses intérêts ne le distribuerait-il pas gratuitement pour alimenter sa prochaine idée virus ? Dans un marché concurrentiel où l'information circule de façon transparente et où l'on sait qui écoute quoi, Internet devient l'équivalent de la radio. Et les artistes se rendent compte qu'il serait idiot d'exiger des redevances à une station de radio qui diffuse leurs œuvres.

La même logique vaut pour les livres, ainsi, d'ailleurs, que pour pratiquement tout autre support numérique imaginable. Je soutiens que tout véhicule de ce type, à moins de comporter quelque caractéristique unique au monde, finira tôt ou tard par prendre la voie de la gratuité. Il n'est que de considérer le sort de l'appareil Bloomberg utilisé par les courtiers en Bourse qui se vendait longtemps à un prix exorbitant : tant l'excellence des informations fournies que l'interface, qui rendait l'utilisateur captif, dissuadaient de changer de matériel. Mais l'explosion actuelle de la quantité d'informations transmises sur le Web laisse présager l'inévitable rétrécissement de la part de marché du Bloomberg et, conséquence directe, la chute de son prix.

Le côté le plus palpitant de l'affaire, c'est que ceux qui se lanceront les premiers dans la distribution gratuite d'un support numérique autrefois hors de prix, attireront l'essentiel de l'attention disponible et déclencheront des virus plus importants et plus tenaces que ceux de leurs rivaux.

La question est donc de savoir qui va se jeter le premier à l'eau… et qui va être le dernier.

L'oreille coupée de Van Gogh pour prouver une idée

De son vivant, Van Gogh vendait nombre de ses tableaux tout simplement pour couvrir le coût de ses couleurs et de ses toiles. Ses idées et ses œuvres formaient à l'époque un tout, et ni les unes, ni les autres n'avaient l'estime du public. On mesure tout le chemin parcouru depuis une centaine d'années. Au lieu de 200, 2 000 ou même 20 000 Euros, il n'est pas rare aujourd'hui de voir un tableau de Van Gogh vendu pour 10 millions d'Euros. Ses toiles semblent donc prendre de la valeur avec chaque transaction. Pourtant, elles ont l'air exactement comme avant…

Ce qui a changé, c'est la valeur de ses idées, leur popularité, mais pas les idées elles-mêmes. Il est facile de se procurer une reproduction de Van Gogh. Pour quelques centaines d'Euros, on peut même trouver une reproduction peinte d'une de ses œuvres que seul un expert averti parvient à distinguer de l'original. Alors pourquoi débourser 20 millions d'Euros ? Parce que vous achetez ainsi un souvenir. Coûteux, certes, mais un souvenir quand même. L'œuvre originale vous rappelle l'idée que Vincent Van Gogh a lancée dans le monde et qui, dans un sens, n'a pas de prix. Malheureusement pour lui et ses héritiers, son idée virus mit beaucoup trop longtemps à se répandre.

Comparons cette hausse inexorable et spectaculaire avec la valeur de revente d'un journal. Le quotidien d'aujourd'hui vaut entre 50 cents et 1 Euro. La présentation d'une foule d'actualités dans ce format commode fait que c'est un achat raisonnable. Cependant, le journal d'hier ne vaut pratiquement plus rien. A tel point que, si vous avez toute une pile de vieux journaux, vous devrez me payer pour que je vous en débarrasse.

Pourquoi ? Que s'est-il passé ? La réponse est simple : le journal est un contenant pour idées dotées d'une demi-vie très brève et, une fois que les idées ont perdu de leur fraîcheur, il ne vaut plus rien. Mais imaginez à quel prix vous pourriez vendre le journal de demain, surtout si vous le proposiez avant l'ouverture de la Bourse.

Il y a là une leçon à tirer quant à la façon de valoriser votre support numérique : il doit conserver sa fraîcheur. Exercice certes de plus en plus difficile à réaliser : les romans-feuilletons de Charles Dickens devaient traverser l'Atlantique en bateau avant d'arriver en Amérique, des nouvelles vieilles de trois semaines étant considérées à l'époque comme fraîches. Mais cela ne signifie pas pour autant que c'est devenu impossible.

Les créateurs de supports numériques qui donnent la priorité à la rapidité et aux objets souvenirs peuvent inventer deux moyens efficaces de tirer parti des nouvelles règles du jeu qui se dessinent aujourd'hui.

Mais comment allons-nous gagner de l'argent ?

Comment une librairie va-t-elle donc gagner de l'argent ? Ou un éditeur ? Un marchand de tableaux ? Un consultant ? Une maison de disques ? La principale objection faite au concept de l'idée virus est qu'il marque une rupture avec les pratiques consacrées du marketing. En effet, les entreprises qui tirent leur épingle du jeu ne sont pas du tout pressées d'expérimenter, surtout si cela veut dire bousculer les habitudes ou mettre en péril des ventes et des bénéfices déjà promis.

Mightywords a pris dans sa ligne de mire les maisons d'édition et les revendeurs classiques avec sa nouvelle activité d'édition sur Internet, qui, en éliminant les intermédiaires, permet aux auteurs de vendre leurs œuvres (de préférence entre 15 et 60 pages) directement aux lecteurs. Le visiteur de ce site y trouvera des milliers de ces écrits de longueur moyenne, vendus pour la plupart à un prix situé entre 3 et 30 Euros. Mightywords et l'auteur empochent chacun la moitié des recettes. Le lecteur, lui, en tire un enrichissement culturel, et tout le monde en sort gagnant. L'ouverture d'un créneau consacré aux livres courts semble avoir comblé un vide. Qui plus est, elle devrait permettre à Mightywords de continuer sur sa lancée en étendant peu à peu son influence sur toutes les étapes du secteur. Cette intégration verticale déchaînerait une énorme pagaille dans l'édition et apporterait des bénéfices conséquents à son instigateur.

On pourrait donc penser que la philosophie virale plairait bien aux francs-tireurs qui, manifestement, prennent les décisions dans cette jeune entreprise. Or il n'en est rien. La perspective d'offrir gratuitement des idées les gêne terriblement, car elle va à l'encontre de leur *business plan* flambant neuf. Si c'est surtout l'auteur qui tire parti du système, se disent-ils, comment allons-nous gagner de l'argent ?

Le jour où vous vous surprendrez en train de vous poser des questions de ce genre en réfléchissant à un nouveau projet, vous saurez que le danger vous guette. Car le Web ne s'en soucie guère : il n'attendra pas patiemment que vous décidiez d'une stratégie. Dites-vous bien qu'il existe quelque part un entrepreneur fou qui est prêt à consacrer des années de sa vie à gâcher la vôtre en démolissant votre magnifique modèle d'affaires.

Le courrier électronique n'a pas demandé aux fabricants de télécopieurs s'ils acceptaient l'avènement d'un nouvel outil numérique de communication instantanée et permanente qui saperait les fondations de leur activité. Matchmaker.com n'a pas non plus organisé de réunions avec les très rentables agences de rencontres par vidéo pour obtenir l'autorisation de marcher sur leurs plates-bandes. Ses perspectives de rentabilité n'intéressent personne. Tout ce qui compte, du point de vue des entreprises établies du secteur, c'est que ces parvenus ont fichu par terre leur belle situation.

Dans l'univers numérique, les offres gratuites de contenu sont désormais une réalité. Les joueurs non dominants de quelque secteur que ce soit réussiront mieux ainsi, dans l'optique d'en empocher les dividendes par la suite, qu'en se retenant afin de respecter les normes édictées par d'autres. Les maisons de disques ont eu tort de vouloir combattre la radio et MTV, tout comme elles ont tort aujourd'hui de s'opposer à Napster. Plutôt que de s'escrimer à réparer un seau troué, ils feraient mieux de réfléchir à leur rôle afin de découvrir le moyen de tirer parti d'un environnement ouvert où la gratuité avance à pas de géant.

Le défi : franchir le gouffre

Dans son livre génial *Crossing the Chasm*[1], Geoffrey Moore lance une puissante idée virus sur l'expansion de nouvelles entreprises et la

1. Moore, Geoffrey : *Sur la ligne de faille, Les nouveaux Business Models et la création de valeur à l'ère d'Internet*, Maxima, 2001.

propagation de nouvelles idées. Il affirme l'existence d'un gouffre dans le cycle d'adoption des produits.

La courbe traditionnelle présente peu ou prou l'aspect que voici :

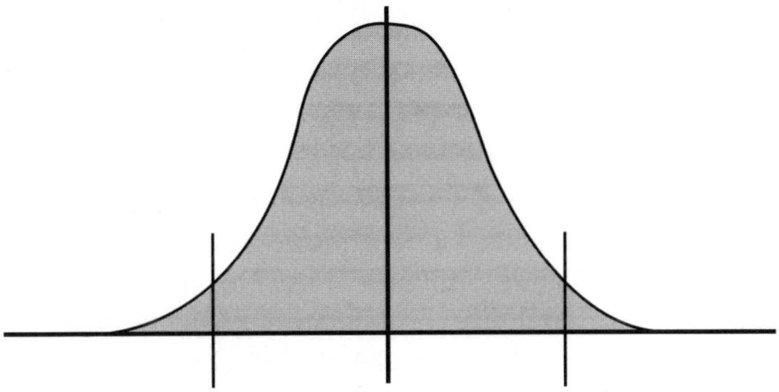

A gauche, on trouve les utilisateurs de la première heure, ces mordus de l'insolite qui se ruent sur toute nouveauté séduisante et potentiellement merveilleuse. A droite, il y a les retardataires qui ont encore du mal à se débarrasser de leur voiture propulsée par un moteur à vapeur. Le marché le plus juteux est situé, bien évidemment, au milieu. C'est là que se positionnent la plupart des gens, et où le vendeur peut pratiquer des prix assez convenables auprès d'une audience de masse.

On pensait autrefois qu'il fallait d'abord s'attirer les utilisateurs les plus aventureux, ensuite profiter des marges importantes ainsi gagnées pour augmenter la production et la publicité et enfin partir à la conquête des masses. C'était oublier que la courbe n'est pas continue. Elle comporte un trou, un gouffre même.

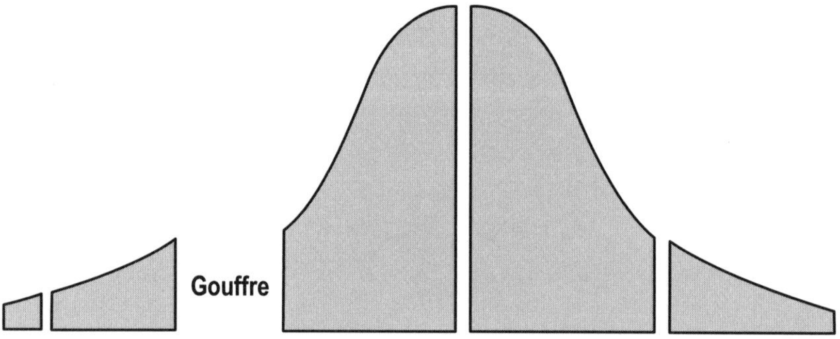

Que s'est-il passé ? Non seulement les consommateurs situés à droite du gouffre montrent moins de dynamisme ou de curiosité intellectuelle que ceux de l'autre côté, mais il s'avère qu'ils sont foncièrement différents. A quel niveau ? Le consommateur « de gauche » recherche quelque chose de branché, de passionnant, alors que son homologue « de droite » demande un produit qui marche. Le fana technologique veut à tout prix avoir le dernier agenda électronique. Le cadre supérieur, lui, tient à ne pas se tromper de rendez-vous. Dans les assurances, le crack en informatique rêve d'un appareil capable de remettre instantanément à jour les demandes d'indemnités, tandis que son P.-D.G. se contenterait d'un moyen de comprimer les coûts. La *fashionista* se précipite sur le nouvel ensemble sorti des ateliers des grands noms du métier, si ridicule soit-il, alors que la jeune femme fêtarde a envie de vêtements qui l'aident à séduire un homme le week-end prochain. Le lecteur de tous les magazines gastronomiques ne rechignera pas devant un mélange invraisemblable de poisson de roche, de foie gras, de fruits rouges et de sauce au chocolat. Le client lambda, lui, se dit plutôt qu'il a faim.

On le voit : tout miser sur ceux qui vous donneront les premières réactions, ceux qui deviendront vos premiers contaminateurs et, probablement, les salariés de votre start-up, c'est garantir l'échec de l'opération. Leurs conseils vous inclineront à sortir des produits coûteux, encombrants, difficiles à manier et à comprendre. Vous serez la coqueluche de quelques contaminateurs très estimés… puis vous déposerez votre bilan. C'est pour cela que bon nombre d'idées virus ayant bénéficié, au démarrage, d'un bon soutien auprès des contaminateurs efficaces finissent en eau de boudin.

C'est l'expérience qu'a fait Apple avec son Newton. Même chose pour Microsoft avec la quasi-totalité des produits lancés depuis sa création (Bill Gates étant situé à l'extrême gauche du gouffre, son entreprise a généralement besoin de sortir trois versions d'un produit avant de pouvoir le vendre). Idem pour Reebok, le compositeur Stephen Sondheim et Lou Reed. Tous ont commis l'erreur de négliger les revenus importants à gagner sur la droite à force de faire plaisir au public « de gauche ». (Dans certains cas, bien entendu, comme chez Microsoft, la simple persévérance finit par permettre de s'élancer de l'autre côté du gouffre.)

Toute l'astuce consiste donc à identifier les contaminateurs situés à gauche du gouffre, puis à vous servir d'eux au lieu de les laisser se servir de vous. En un mot, ce sont eux qui ont le plus de chances d'adopter votre idée et d'en parler autour d'eux, mais, si vous ne dépassez pas ce stade pour vous adresser à ceux de l'autre côté, vous ne ferez pas de vieux os.

Pourquoi les films de Woody Allen rapportent-ils si peu d'argent ? Ne peuvent-ils pas compter, bon an mal an, sur des critiques élogieuses, des propositions pour les Oscars et l'enthousiasme d'un noyau dur de contaminateurs ? Pas de mystère : le virus reste apparemment bloqué d'un côté du gouffre énorme qui subsiste entre le public de Woody Allen et le reste de la population. C'est pour cela que le message du cinéaste new-yorkais atteint rarement la portée d'une œuvre grand public.

Le succès de son dernier film, *Escrocs mais pas trop*, indique bien la nature du problème. Ses recettes le placent parmi les quatre plus grands succès au box-office de toute la carrière de Woody Allen, mais pour une raison très simple : pendant le mois de sa sortie en salle, il n'y avait pas un seul autre nouveau film « familial » digne d'être vu. Qu'il l'ait fait à dessein ou non, Woody a créé une comédie pleine d'ironie qui fonctionne sur plusieurs plans et à laquelle on n'hésiterait pas à inviter les enfants. C'est cela qui lui a permis de franchir le gouffre. Tout à coup, les contaminateurs disaient : « C'est un film génial pour toute la famille » au lieu de : « Encore un excellent film de Woody Allen ».

Certains virus n'atteindront jamais l'autre côté du gouffre. Les mordus d'informatique ont beau essayer, ils ne semblent pas pouvoir convaincre le commun de mortels d'adopter Linux. De même, les inventeurs de la sauce piquante « la plus piquante du monde » ne verront jamais leur produit sur les tables des restaurants les plus fréquentés.

Mais qu'importe ? Ces marchands d'idées comprennent que la ruche qu'ils ont ciblée n'englobe pas toute la population. Ils savent que, à condition de bien choisir leur ruche, sa taille réduite, son manque d'universalité, n'est pas en soi un obstacle. L'aspect délicat de l'opération, bien sûr, consiste à moduler dépenses et prévisions en fonction des dimensions réelles de la ruche. Bref, toute entreprise qui met le paquet sur le développement du produit et le marketing – en escomptant que cela suffira pour se projeter de l'autre côté du gouffre – a intérêt à avoir raison…

Le mythe du point de basculement

L'une des idées les plus séduisantes exposées par Malcolm Gladwell dans *The Tipping Point* est que, sans que l'on ne sache pourquoi ni comment, il arrive un moment magique où la population entière, jusque-là parfaitement inconsciente de votre offre, bascule dans l'engouement le plus total à son égard. L'ennui, c'est que, si l'on constate effectivement des phénomènes de ce genre, ils ne concernent ni la plupart des entreprises, ni la plupart des idées. Qui plus est, un tel basculement n'est même pas une condition *sine qua non* de la réussite éclatante.

Il y a à cela deux raisons étroitement liées. La première est que ce scénario ne tient pas du tout compte de la puissance des ruches. Il est extrêmement peu probable de pouvoir lancer une idée virus qui gagne toute la population de la planète : ses 7 milliards d'habitants ont chacun des besoins et des cycles de communication qui leur sont propres. Même si l'on se limite aux Américains ou aux seuls électeurs républicains ayant une connexion Internet, on s'aperçoit bien que des ruches aussi vastes basculent rarement, quelle que soit l'incitation. La deuxième est qu'il ne faut pas confondre basculement et succès commercial. Pour décrocher le gros lot, on doit concentrer le message sur une ruche clairement délimitée. Mais, même dans ce cas, il n'est pas évident que le triomphe dépende du basculement.

Revenons un instant à eBay. Selon tous les critères habituellement retenus, cette entreprise a brillamment réussi. Ses salariés ont amassé des fortunes considérables, les investisseurs de la première heure sont aux anges, les utilisateurs sont très contents et le temps global de connexion au service ne cesse d'augmenter. Mais peut-on affirmer pour autant qu'eBay a vécu un basculement à la Malcolm Gladwell ? Sûrement pas si l'on considère sa notoriété auprès de la population dans son ensemble. Lorsqu'il s'agit de citer un service en ligne, seule une infime minorité des personnes sondées met eBay en première place. Et cette réalité se confirme quand on leur demande comment ils s'y prennent pour acheter ou revendre des articles d'occasion : l'immense majorité des gens continuent de passer par les petites annonces ou les vide-greniers, pas par eBay.

Certes, les visages des dirigeants de ce site ornent la couverture de *Fortune* et de *Business Week* avec une régularité déconcertante. Il est également exact que, à certaines entreprises de la Nouvelle Économie, on entend à chaque réunion une phrase du style : « La question est de savoir si cette stratégie nous permettra de devenir l'eBay de… (nom du secteur). » Car au sein d'une ruche très restreinte, très pointue et très rentable, eBay est incontestablement un gagnant. Mais son succès ne doit rien à on ne sait quel basculement magique. Il s'est produit parce qu'une idée virus astucieuse, ciblée et puissante a pénétré et inondé une ruche concentrée d'investisseurs et de commentateurs attitrés qui ont permis à cette entreprise minuscule d'atteindre une capitalisation boursière faramineuse.

Pourquoi me suis-je attardé sur ce mythe ? Parce qu'il est dangereux. Il suscite chez les marchands d'idées l'illusion qu'il suffit d'attendre suffisamment longtemps pour que le basculement miraculeux finisse par se produire, comme dans le cas de Yahoo!, de Nike ou de la Macarena. Quant à moi, je n'y crois absolument pas. Vous mettrez toutes les chances de votre côté si vous ciblez de petites ruches remplies de contaminateurs situés à gauche du gouffre, pour vous concentrer ensuite sur la nécessité de traverser ce gouffre le plus vite possible. Et si le basculement se produit quand même ? Vous l'aurez en prime.

L'effet multiplicateur

Un facteur qui semble donner une certaine plausibilité au mythe du basculement est la force qu'apporte la présence de contaminateurs multiples. Si une ou deux recommandations peuvent suffire pour assurer une transition sans accroc, il paraît incontestable que, à mesure qu'augmente le nombre des contaminateurs efficaces qui vous conseillent un produit, les chances pour que vous sautiez le pas s'améliorent de façon spectaculaire. Il s'agit d'une retombée authentique du point de basculement. Entouré par des membres de votre ruche qui promeuvent bruyamment une nouveauté, vous êtes naturellement incité à en faire au moins un essai. Loin des rendements décroissants dont souffre la publicité, les idées virus bénéficient de rendements croissants : plus le produit a d'utilisateurs, plus les autres voudront l'acheter à leur tour.

N'y a-t-il pourtant pas des originaux qui prennent systématiquement le parti de nager à contre-courant ? Bien sûr. Plutôt mourir que rouler dans la dernière voiture à la mode, être vu dans le grand restaurant branché ou être pris sur le fait d'écouter le tube du mois : telle pourrait être leur consigne. Mais pour la plupart des membres de la plupart des ruches, l'effet multiplicateur a quelque chose d'irrésistible. C'est pourquoi l'une des tâches primordiales du marchand d'idées consiste à mettre constamment en évidence toutes les nouvelles qui lui sont favorables. Il s'agit de donner à chacun le sentiment que tous les autres membres de sa ruche ont déjà attrapé le virus. On crée de la sorte une projection qui se réalise d'elle-même et qui ouvre la voie vers la réussite.

C'est la méthode qu'appliquent les maisons d'édition lorsqu'elles font imprimer des milliers et des milliers d'exemplaires d'un même livre pour en inonder les librairies. Voyant des piles impressionnantes du livre devant la caisse, nombre de clients le prennent pour l'événement de l'année et s'empressent de l'acheter. Ce ballon d'essai peut permettre au livre de se placer sur la liste des best-sellers peu de temps après sa parution, ce qui a, bien sûr, pour effet d'augmenter encore les ventes. Ainsi, sans même que le bouche à oreille ne joue véritablement, on démarre avec une audience assez large. Elle ne s'élargira peut-être plus si l'idée manque de potentiel viral, mais le livre aura au moins eu sa chance.

Eric Raymond, sur sa page Web consacrée à la promotion de son article « La cathédrale et le bazar », répertorie toutes les critiques de son texte. Pourquoi ? Parce que la mise en évidence de ces avis, favorables ou défavorables, permet d'exploiter à fond l'effet multiplicateur.

La plupart des spécialistes du marketing donnent la priorité à la stimulation du bouche à oreille organique, sans prendre le temps de poser les jalons de l'effet multiplicateur. Ce n'est pas le cas de Music Direct, qui s'évertue à tirer parti des contaminateurs efficaces. On trouve sur son site (www.amusicdirect.com) la liste des enregistrements conseillés par plusieurs des magazines hi-fi les plus respectés. Chaque compte rendu étant pourvu d'un lien hypertexte avec le service de commande, le visiteur du site sait qu'un seul clic lui suffit pour effectuer son achat. Il découvre par ailleurs que le même disque figure parfois dans les listes de plusieurs revues différentes. Et voilà que, même s'il n'envisageait pas d'acheter l'enregistrement en question, le fait de le voir recommandé par trois contaminateurs de confiance peut lui faire changer d'avis.

Les dirigeants de Telarc Records ont appris cette leçon assez tôt. Incapables de rivaliser avec les grands labels de musique classique, ils se sont mis à enregistrer l'orchestre de Cincinnati pour les interprétations palpitantes de morceaux prisés des seuls fanatiques de la stéréophonie (qui font la part belle aux percussions, par exemple). Ensuite, ils se sont attachés à convaincre les meilleurs magasins de matériel hi-fi de se servir de leurs CD pour faire la démonstration de leurs produits. Des milliers de consommateurs qui, sinon, n'auraient jamais songé à acheter une nouvelle version de *l'Ouverture de 1812* de Tchaïkovski découvraient ainsi que c'étaient les enregistrements de Telarc qu'ils écoutaient quand ils comparaient des baffles à 5 000 Euros ou des amplificateurs à 3 000 Euros. Et si l'on accepte de mettre autant pour s'offrir une nouvelle chaîne stéréo, ne vaut-il pas la peine de dépenser encore un peu pour se procurer par la même occasion les meilleurs disques laser ?

Le pire cauchemar de Bill Gates

Une constante tout au long du cirque de la procédure antitrust intentée contre Microsoft a été que le *middleware* menace la principale source de rentes pour l'entreprise : le système d'exploitation Windows. Qu'est-ce que le *middleware* ? C'est, en peu de mots, un « logiciel médian » placé au-dessus du système d'exploitation de l'ordinateur et qui communique avec Internet ou d'autres programmes. Dès lors que l'on met au point un superbe logiciel de ce type, il tourne avec la même efficacité, quel que soit le système d'exploitation utilisé. Le navigateur a été le premier exemple de *middleware*, mais gageons que d'autres lui emboîteront le pas.

J'ai récemment discuté avec Louise Wannier, qui a développé un logiciel qu'elle appelle « enfish » (à consulter sur www. enfish. com). Et s'il existait un programme de *middleware* conçu pour ceux qui ont une connexion permanente Internet ? Et si ce logiciel leur permettait de rester informés en continu de l'évolution de leurs placements, de leur courrier électronique, de leur emploi du temps, de leur messagerie instantanée – bref, de toutes les affaires dont ils s'occupent en ligne

– mais de façon organisée et simultanée ? Si vous êtes comme moi, cela représente la plus grande partie du temps passé devant l'ordinateur. Et voilà que, tout à coup, Windows se révèle obsolète.

On dirait que le moment est venu pour que Louise Wannier songe à s'offrir une nouvelle Porsche. Mais il faut d'abord résoudre plusieurs problèmes qui sont tous liés à l'idée qu'elle a créée et à la possibilité de la transformer en virus.

Problème 1 : pour pouvoir utiliser *enfish*, il faut télécharger du code informatique. Or l'expérience montre que c'est là grever une nouvelle idée d'un poids insupportable. Cela voudrait dire que l'utilisateur ne peut profiter de son logiciel qu'après avoir subi l'épreuve du téléchargement et de l'installation.

Des produits comme Shockwave ou d'autres logiciels à télécharger nous ont appris qu'il faut parfois compter jusqu'à 100 Euros en frais de marketing individualisé pour inciter l'utilisateur à le prendre. Dans le cas d'*enfish*, ce serait un prix plus qu'exorbitant. La solution ? Supprimer le téléchargement. Ou, à défaut, le rendre le plus rapide et le plus indolore possible.

Problème 2 : il s'agit d'une expérience purement individuelle. Contrairement à ICQ ou à Hotmail, qui supposent la communication, élément clé de tout virus, *enfish* vous fait gagner du temps en organisant votre vie et vos informations de telle sorte que vous n'êtes pas *a priori* incité à répandre l'idée. Bref, non seulement il ne s'occupe pas de sa propre contamination, mais il ne vous récompense pas pour avoir assumé cet effort à sa place. La solution ? Donner à ce logiciel un caractère collectif en laissant l'utilisateur afficher ses signets et ses maquettes à l'intention de ses collègues. Trouver le moyen de le transformer en outil de la communication, naturellement propice au développement viral.

Problème 3 : *enfish* ne brille pas par sa facilité. On a d'ailleurs le plus grand mal à en décrire le fonctionnement, tant il est compliqué. Son principal atout – il résout un problème dont on ignorait même l'existence – se révèle aussi un inconvénient de taille lorsque vient le moment de la commercialisation. « Votre courrier électronique gratuit » est une offre de choc, « l'organiseur automatique qui permet à l'internaute constamment connecté de gagner trois heures par jour » ne l'est pas. La solution ? On aborde là le problème le plus épineux, comme c'est souvent le cas quand on fait une percée. L'important, c'est de décider du discours que doivent tenir les contaminateurs, si besoin est en leur fournissant un message électronique tout fait, prêt à transmettre à leurs amis.

Problème 4 : il n'y a pas d'amplificateur déjà en place. Ce ne sont pas les forums consacrés à la voiture, aux loisirs, aux restaurants qui manquent : il suffit de repérer la bonne ruche et de s'insérer dans la discussion en cours. Quant aux publications sur le jardinage ou les start-up de la Nouvelle Économie, on n'a que l'embarras du choix. Et il est tout aussi facile de trouver des émissions de cuisine ou de météo à la télévision. Mais il n'existe pas de moyen naturel pour amplifier un message concernant le problème que résout *enfish*. Les ruches aisément repérables, encore disponibles et prêtes à sauter sur une proposition de ce genre ne sont pas légion. La solution ? Des publicités qui donnent la parole aux utilisateurs les plus enthousiastes.

Problème 5 : l'idée virus en question n'a rien à voir avec un monopole naturel. Du coup, *enfish* a beau disséminer son virus avec une habileté extraordinaire, il n'est pas dit que sa solution sera la seule à s'imposer à la fin. L'un des aspects les plus fabuleux d'ICQ est que toute avance réalisée ouvrait la voie à d'autres avances, la logique de réseau donnant naissance à un monopole naturel. Hélas ! on voit mal pourquoi un clone d'*enfish* ne ferait pas également l'affaire. La solution ? Les mêmes outils de communication qui lui confèrent sa « virulence » conforteront sa situation de monopole.

Le côté encourageant, c'est que, une fois qu'il aura pris, *enfish* montrera une persistance exceptionnelle. Source de facilité pour vous et de bénéfices pour ses créateurs, il restera sur votre bureau pendant des années. En outre, ce logiciel offre des attraits tellement énormes que, quand il commence à pénétrer dans la ruche, il devrait connaître une diffusion fulgurante, et ce grâce au soutien des contaminateurs efficaces de la meilleure espèce. Car ce produit, qui attirera sans difficulté les contaminateurs situés à gauche du gouffre (les utilisateurs de la première heure), présente parallèlement des avantages propres à faciliter le passage de l'autre côté.

Quel doit donc être l'angle d'attaque ? Je conseille aux stratèges d'*enfish* de cibler une seule ruche : ceux qui se servent de la Toile pour faire leurs placements financiers. Pourquoi ?

Soulignons tout d'abord qu'il n'est pas compliqué de s'adresser à cette ruche. On dénombre environ huit sociétés de courtage en ligne qui auraient toutes de bonnes raisons pour promouvoir *enfish* auprès de leurs clients de premier rang. Le fait que les investisseurs sur Internet se parlent sans cesse favorise déjà la diffusion accélérée de ce message. Par ailleurs, les avantages que peut en tirer l'investisseur en ligne sont probablement les plus faciles à expliquer : on tire le meilleur parti de ses placements en procédant de façon organisée. Il y a là un vide à combler, puisque personne d'autre n'a fait une proposition d'une telle valeur à cette audience précise. Enfin, compte tenu des compétences techniques acquises par la moyenne des investisseurs en ligne, les affres du téléchargement devraient constituer un obstacle moins important que chez d'autres utilisateurs.

Le virus *enfish* gagnera-t-il d'autres ruches après avoir infecté celle des boursicoteurs électroniques ? Peut-être, mais pour y parvenir, ses créateurs devront apporter deux modifications à leur logiciel (n'oublions pas que les meilleures idées virus font partie intégrante du produit, au lieu d'y être rajoutées après coup par le service du marketing). La première est d'offrir des avantages considérables grâce à l'échelle d'*enfish*. Il s'agit de créer un effet réseau capable de faire naître un monopole naturel. La seconde est de donner aux utilisateurs existants d'*enfish* des incitations claires et évidentes pour prêcher la bonne parole. Il peut s'agir de récompenses purement vénales, mais les incitations les plus efficaces sont celles qui ont un rapport direct avec le produit, comme l'amélioration de son fonctionnement grâce à la participation des amis recrutés.

Si les créateurs d'*enfish* réussissent à relever ces deux défis redoutables (tellement redoutables que, vous l'aurez déjà constaté, je me suis gardé d'évoquer les modalités précises de l'opération !), ils auront d'excellentes chances de pouvoir déborder la simple ruche des investisseurs en ligne pour conquérir un vaste public d'internautes.

Non, mais quelle sveltesse !

L'un des plus grands succès de librairie de ces cinq dernières années est la *Révolution diététique*. Le docteur Robert C. Atkins a vendu plus de 7 millions d'exemplaires de son guide de l'amincissement… presque sans la moindre publicité. Comment expliquer un tel exploit commercial ? Selon les calculs du marketing traditionnel, le bon docteur aurait été obligé de dépenser des dizaines ou même des centaines de millions d'Euros pour convaincre tant de gens de se ruer sur son livre.

La première explication de son succès se trouve dans le potentiel viral de ses propositions. Contrairement aux autres régimes du même type, celui du docteur Atkins permet d'obtenir des résultats remarquables en un temps record (laissons pour un livre ultérieur le débat de fond quant à son effet sur la santé…). Mais, outre cette virulence naturelle, l'idée s'est répandue avec une grande facilité. Il suffisait de prononcer le nom « Atkins » pour faire comprendre aux autres quel régime on suivait. Ce nom étant devenu synonyme du régime, la diffusion, la dissémination ne posait guère de problèmes.

Mais le véritable secret tient en un mot : amplification. Le bouche à oreille non amplifié n'aurait jamais pu susciter 7 millions de conversions. Et c'était quoi, l'amplificateur ? La minceur de l'adepte ! Chaque fois que le régime portait ses fruits, amis et envieux s'écriaient : « Non, mais quelle sveltesse ! Tu es superbe ! Comment as-tu fait ? » Et la personne de répondre fièrement : « Atkins. »

Cette capacité du virus à s'alimenter tout seul a donc épargné des millions à l'auteur. La même méthode n'aurait toutefois jamais marché pour la réflexologie, la méditation transcendantale ou le millepertuis. Après tout, personne ne remarquerait votre paix intérieure. Le souci de l'apparence a certes un côté obsessionnel, mais il offre aussi un terrain propice aux virus.

Ceux qui en doutent n'ont qu'à regarder tous ces jeunes tatoués qui peuplent de nos jours les plages.

La croissance foudroyante : mirage de notre époque

Pourquoi les entreprises vendant sur Internet des produits de grande consommation ont-elles connu de telles désillusions récemment ? Comment le site Boo.com a-t-il fait pour dilapider plus de 100 millions d'Euros ? A quoi attribuer les déboires actuels de Salon.com, l'un des sites les plus savants de la Toile ?

Même réponse dans les trois cas : la croissance foudroyante n'est pas toujours le bon objectif. Les idées virus, rappelons-nous, raffolent du vide. D'où la tendance de tant d'entreprises, déterminées à le combler avant tout le monde, à gaspiller une part invraisemblable de leurs ressources en vastes campagnes d'Interruption Marketing mal ficelées et aux performances médiocres.

Ces annonceurs prodigues espèrent :

1. que la mauvaise qualité de leur publicité sera compensée par son déferlement massif ;
2. que ce déferlement massif suffira à intimider la concurrence ;
3. que leurs efforts déboucheront sur une idée virus capable de leur assurer un succès instantané et durable ;
4. que leur *business model* foncièrement défectueux s'avérera soudain génial dès que leur idée se diffusera de façon virale. C'est, en quelque sorte, le syndrome AOL : un projet petit et incohérent ne sera jamais rentable, alors qu'un projet grand et incohérent pourra pomper des sommes faramineuses aux entreprises clientes du fait que l'on a attiré l'attention du marché de masse.

Parallèlement, ils craignent :

- qu'un rival ne commence à dépenser plus et à avancer plus vite qu'eux ;

• que, s'ils prennent leur temps, le marché ne s'aperçoive de la faiblesse extrême de leur *business model*, ce qui les empêcherait de lever des capitaux supplémentaires.

On le voit : la manie de l'idée virus a semé la zizanie dans leur esprit. Au lieu de viser avant tout à instaurer un monopole naturel, à déclencher un virus imbattable, à combler un vide, ces entreprises auraient pu se livrer à une tout autre analyse :

1. L'espace d'e-commerce théoriquement ouvert aux marchands d'idées a en fait déjà été colonisé, et cela par Amazon.com et, à un degré moindre (mais plus compliqué), par eBay et Priceline.
2. Puisque les grands espaces sont remplis, il faut comprendre que le virus à propager sera nécessairement plus petit et beaucoup plus capricieux. Il apportera donc des gains moins mirobolants, mais obtenus, fort heureusement, au prix d'un investissement moindre.
3. Dès lors que l'on admet ce deuxième point, on se rend compte que la diffusion progressive du virus constitue en réalité une stratégie plus judicieuse. Pourquoi ? Parce qu'elle permet d'affiner au fur et à mesure le *business model* choisi et d'atteindre une croissance organique et holistique à la place de la marche forcée qu'impose une campagne de publicité dans le cadre, par exemple, des grands événements sportifs. En un mot, on doit véritablement faire la conquête des visiteurs du site.

Diamond Organics (www. diamondorganics.com) applique cette stratégie, et avec beaucoup de bonheur. Plutôt que de chercher à prendre le marché d'assaut et à persuader, à coups d'annonces ruineuses, le monde entier de la validité de son idée – l'expédition de légumes bio par Federal Express –, cette entreprise a préféré donner la priorité à la satisfaction du client individuel. Grâce à son choix de peu dépenser et de ne passer que graduellement à l'échelle supérieure, elle s'attache des contaminateurs sérieux qui ont une autorité réelle et qui répandent la bonne parole sans se faire prier. Cette lente construction permet d'éviter le piège dans lequel est tombé Toys'R Us en 1999, pour les fêtes de fin d'année.

Mais, demanderez-vous, ce conseil ne contredit-il pas la logique même de l'idée virus ? A plusieurs égards, oui. Il ne correspond pas non plus au principe du Permission Marketing selon lequel le consommateur, dès lors qu'il a trouvé une solution à son problème, n'est pas du tout pressé de chercher un autre fournisseur du même service, ce qui favorise les rapports d'exclusivité.

L'inconvénient de la stratégie de la croissance progressive est que vous n'aurez peut-être pas le temps de la mettre en œuvre. Si vous êtes le P.-D.G. ou le directeur du marketing d'une jeune entreprise, vous vous trouvez face au dilemme de l'expansion rapide : pas de croissance (ni de financement) si vous ne faites pas de promesses, mais vous ne serez pas forcément en mesure de tenir celles que vous avez faites. Et, en cas de non-respect des engagements (Toys'R Us ne put honorer ses commandes avant la fin des fêtes de Noël) ou d'engagements qui se révèlent trop chers à long terme (Boo.com), qu'importe, puisque l'affaire coulera de toute façon ? C'est pour cela que la plupart des entreprises font malgré tout des promesses, alors qu'elles se rendent bien compte que la croissance organique leur réussirait mieux.

Il est donc impératif de trouver un compromis, et celui qui me paraît le plus sage est de s'abstenir de lancer une activité incapable d'entretenir une idée virus. Ajoutons un deuxième point : il ne faut pas déclencher l'accouchement avant que le marché ne soit prêt.

Amazon.com fournit, à mon sens, l'exemple le plus clair de cette vérité. Je suis intimement convaincu que, si Jeff Bezos avait démarré son activité un an plus tôt ou un an plus tard, elle n'aurait pas marché. Plus tôt, il n'y aurait pas eu suffisamment de contaminateurs, et le véhicule concerné n'aurait pas été prêt à faire circuler le message. Plus tard, Jeff Bezos se serait heurté à un marché tellement surchauffé que sa promesse n'aurait même pas réussi à surmonter la saturation au point d'attirer l'attention des contaminateurs.

J'ai du mal à imaginer qu'une campagne de marketing coûtant 50 millions d'Euros puisse convenir au lancement d'une idée virus, quelle qu'elle soit. Si vous avez besoin d'interrompre une telle masse d'individus, c'est que vous vous trompez de chemin. Certes, vous auriez besoin de dépenser une telle somme (en fait, beaucoup plus) pour lancer une nouvelle marque et pratiquer le marketing traditionnel. Mais si votre idée recèle un tant soit peu de potentiel viral, vous devriez pouvoir l'imposer à un coût bien inférieur.

Il vous faut donc régler la vitesse de propagation de votre virus en fonction non seulement des capitaux récoltés, mais aussi des engagements pris auprès de vos bailleurs de fonds. Bien sûr, Hotmail, Netscape, ICQ et eBay ont connu des taux de croissance fabuleux. Mais cela ne garantit pas que vous puissiez rééditer leur performance. Soit vous optimisez votre stratégie virale en l'intégrant au fonctionnement même de votre entreprise, soit vous vous résignez à ne jamais la voir décoller.

Au cœur du marketing viral

N'oubliez pas que le marketing viral est une variante particulière de l'idée virus où l'amplificateur fait partie intégrante du produit. Et ce sont les produits du secteur de la communication qui dessinent le paradis de ce phénomène qui s'entretient de lui-même.

Jetons un bref regard à l'histoire des outils de communication utilisés dans le monde de l'entreprise au cours des cent vingt dernières années :

- timbres-poste
- télégraphe
- télégramme
- téléphone
- télex
- fax

• téléconférence
• livraison express
• téléphone mobile
• visioconférence
• courrier électronique
• Internet
• ICQ et la messagerie instantanée

C'est une liste plutôt extraordinaire. Il y a vingt-cinq ans, quand j'ai décroché mon premier travail sérieux, nous n'avions ni messageries vocales, ni pages Web, ni fax, ni téléphones mobiles, ni bips, ni e-mail. J'en viens même à me demander quelquefois à quoi nous nous occupions !

Mais comment se fait-il alors que, à une époque d'innovations tellement rapides, on continue d'utiliser exactement le même clavier AZERTY qui se trouvait sur les vieilles machines à écrire et les mêmes petits blocs-notes qui accompagnaient les téléphones d'autrefois ? La réponse tient en peu de mots : l'un et l'autre ont apporté des bénéfices à long terme à leur inventeur, alors qu'ils se répandent à un coût assez modeste. Et à quoi cette diffusion est-elle due ? Au marketing viral.

Si les produits de communication demandent ce type de marketing, c'est parce qu'ils ne valent rien sans interlocuteur à l'autre bout. La loi de Metcalfe nous apprend que la valeur d'un réseau augmente au même pas que le carré du nombre de participants. Ainsi, le passage de deux à dix télécopieurs installés améliore d'un facteur de 25 l'efficacité du réseau.

Lorsque j'achète un appareil de communication, deux phénomènes se déclenchent. D'une part, je deviens un contaminateur efficace, car j'incite tous mes amis à faire le même achat pour pouvoir recevoir mes messages. D'autre part, et à condition que l'outil utilise un canal déjà en place (comme Federal Express ou Hotmail), je fais de la publicité pour le véhicule chaque fois que j'envoie un message.

L'histoire du Post-It est si remarquable que l'on serait tenté de la croire inventée, mais elle s'est réellement déroulée. Au début, ce produit se vendait tellement mal que son fabricant, 3M, envisageait d'y renoncer. Puis le responsable de la marque réussit à persuader la secrétaire du P.-D.G. d'envoyer une caisse de Post-It à la secrétaire du président des quatre cent quatre-vingt-dix-neuf autres grandes entreprises figurant dans le célèbre classement établi chaque année par *Fortune*. Tout à coup, les contaminateurs les plus illustres des sociétés les plus puissantes du pays s'envoyaient des notes couvertes de messages griffonnés sur des Post-It. Il ne fallut pas plus de quelques mois pour que ces petits blocs-notes auto-adhésifs trouvent leur place sur la liste des grands outils de communication. C'est l'exemple type de l'idée virus.

Quand j'étais à l'école de commerce, un de mes camarades travailla toute une année sur un projet si secret qu'il refusait de nous en parler. Comme on allait un jour le découvrir, il s'agissait du lancement de MCI Mail, premier système de courrier électronique à avoir vu le jour. Dommage qu'il n'ait pu nous le révéler à l'époque, car plusieurs d'entre nous auraient été ravis de lui dire ce qu'ils en savaient déjà, il y a vingt ans de cela : un système de courrier électronique ne marchera jamais s'il n'y a pas de destinataires !

MCI facturait environ 100 Euros pour l'installation, plus une vingtaine d'Euros par mois au titre de l'abonnement, plus le coût unitaire d'utilisation. Grave erreur : c'était alourdir le service de tellement de frictions dès le départ que la plupart des clients potentiels ne songeaient même pas à l'essayer, surtout pas à ce stade précoce de la vie du virus. J'aurais proposé un démarrage totalement différent : offrir gracieusement le service MCI Mail, ainsi qu'un ordinateur pour pouvoir l'utiliser, à cinquante personnes haut placées dans chacune des cent entreprises les plus importantes d'un secteur d'activités donné. Soudain, les dirigeants du secteur commenceraient à communiquer vite et souvent entre eux. La culture de ces entreprises s'en trouverait transformée. Le virus se propagerait. MCI en sortirait vainqueur.

Quels enseignements en tirer ? Ils sont au nombre de deux.

- On facilite grandement la diffusion virale de l'idée dès lors que l'on parvient à la relier au domaine de la communication. L'idéal serait de créer un véritable outil comme le télécopieur ou la messagerie instantanée, mais l'invention de mots, de nouveaux concepts en musique ou d'autres formes d'expression pourrait également donner le coup de pouce requis.
- Il faut repérer les contaminateurs efficaces, puis les supplier, les amadouer et les suborner pour qu'ils adoptent la nouveauté.

Le grand paradoxe de la publicité

Imaginez un instant que votre entreprise envisage d'acheter une machine dont le prix se situe entre 1 million et 100 millions d'Euros. Le vendeur vous jure qu'elle transformera votre activité à tel point que votre chiffre d'affaires et votre bénéfice feront un bond et que vous irez dorénavant de réussite en réussite. Cela vous dit ?

Le vendeur vous assure en outre que les entreprises qui n'ont pas acheté la machine peinent à se développer et ont même tendance à péricliter, puis il cite le cas d'une société, mettons Procter & Gamble, qui a consacré l'an dernier plus de 2 milliards d'Euros à l'acquisition d'appareils de ce type. Cela vous dit ?

Ah pardon ! Il y a cependant un inconvénient... ou plutôt deux :

> Le rendement durable de la machine ne se laisse pas mesurer. On ne sait donc pas vraiment si elle marche bien ou pas, et le fabricant ne donne pas de garantie sur ce point. En cas de mauvais fonctionnement, c'est tant pis pour le client.

Cela vous dit toujours ? En plus de ces réserves, il faudrait évoquer un dernier problème : en moyenne, la machine ne produit le résultat escompté que pour une entreprise utilisatrice sur dix. Autrement dit, le taux d'échec est de 90 %.

Sans doute aurez-vous déjà deviné l'identité de cette « machine » : la publicité. Celle qui vise le marché de masse compte parmi les *success stories* les plus déconcertantes de notre système économique. Les entreprises dépensent des milliards d'Euros pour pouvoir déranger les gens en leur vantant les mérites de produits dont ils n'ont pas besoin. Ces annonces se montrent rarement efficaces ; pis, quand elles sont le fait d'agences ou de clients d'une compétence incertaine, elles ont une efficacité quasi nulle. J'aimerais un jour écrire un livre répertoriant les pires navets de l'histoire de la publicité, mais je n'ai qu'une crainte : il serait interminable.

Il n'empêche : on ne saurait condamner en bloc le marketing sous prétexte qu'il ne donne pas souvent de résultats probants. D'où ce paradoxe : la publicité est indispensable, mais elle n'apporte guère d'avantages. Pourquoi alors se livrer à un exercice aussi aléatoire, aussi périlleux ? Parce que, depuis une centaine d'années, l'activité publicitaire demeure malgré tout le meilleur indicateur des perspectives d'expansion (ou de stagnation) d'une entreprise. D'innombrables firmes dynamiques qui se sont dotées d'une publicité hors pair ont réussi, quel que soit leur secteur d'activités, à tirer parti de leurs annonces, à étendre leur activité et à réaliser des bénéfices.

Quels changements sont donc intervenus depuis ? D'abord, l'incroyable encombrement du marché a fini par réduire l'efficacité de la réclame. On a franchi un seuil : dans un monde saturé de centaines de chaînes de télévision, de milliers de publications et de millions de sites Web, l'interruption systématique du consommateur n'est plus un moyen fiable d'augmenter les ventes. Si l'on y ajoute la « consumérisation » croissante des transactions entre professionnels (il n'y a jamais eu autant d'annonces adressées aux entreprises qu'aujourd'hui) et l'explosion de la publicité sur Internet, on mesure aisément l'ampleur des bouleversements.

Comment y réagir ? Considérons la situation paradoxale que vit actuellement MarchFirst, Inc., entreprise née en 2000 de la fusion entre USWeb/CKS, spécialisé dans la création de sites Web, le conseil et la publicité, et Whittman-Hart, cabinet de conseil axé sur Internet.

Selon le *New York Times*, cette nouvelle entité ambitionne de se lancer avec éclat, et c'est pour cela qu'elle a annoncé une campagne de publicité, d'un coût de 50 millions d'Euros, conçue pour « surmonter la saturation du marché » et « asseoir la notoriété de la marque », comme l'a dit Robert Bernard, le P.-D.G. Concrètement, cette stratégie passe par l'achat d'annonces pleine page dans les quotidiens et les revues consacrées à Internet, voire par le placement d'annonces dans des magazines de vie pratique, et par la diffusion de spots pendant les grands événements sportifs.

Mais soyez franc : si vous tombiez, en feuilletant un magazine ou en zappant d'une chaîne de télévision à l'autre, sur une annonce centrée sur « le désir humain d'être le premier », auriez-vous envie de vous arrêter pour y prêter attention ? Le slogan « Une nouvelle entreprise pour la Nouvelle Économie » vous ferait-il tout lâcher pour écouter ? Seriez-vous prêt à sacrifier plusieurs minutes de votre temps précieux pour lire une annonce sur une entreprise dont vous n'avez encore jamais entendu parler et qui prétend résoudre un problème qui, selon toute probabilité, n'est pas le vôtre ? Je doute fort que vous répondiez par l'affirmative.

Cette entreprise pourrait sûrement trouver un meilleur emploi pour son budget de 50 millions d'Euros. Pour nouer des relations avec les 10 000 personnes qui comptent dans son cas, il doit tout de même y avoir une méthode plus efficace que celle qui consiste à déranger inlassablement des millions d'individus.

La publicité traditionnelle fondée sur l'interruption – artisanale, amusante à concevoir, modérément amusante à regarder – ne disparaîtra certes pas entièrement. Mais ce n'est qu'une affaire de temps avant que les chefs d'entreprise et les investisseurs commencent à évaluer leurs budgets publicitaires avec le même regard critique qu'ils portent sur tous les autres investissements absurdement coûteux qu'ils ont à faire.

La permission, l'ingrédient qui manque

Lorsque les dirigeants de Hotmail ont lancé leur service de courrier électronique gratuit, ils ont gagné sur tous les tableaux ou presque. Ils ont mis au point un produit digne d'un développement viral. Ils l'ont doté d'une grande facilité. Ils y ont intégré d'emblée un moyen d'amplification. Ils ont contacté les personnes qu'il fallait et démarré avec un élan suffisant pour assurer le décollage.

Ils n'ont commis qu'une erreur, et elle a été monumentale : ils ont oublié d'obtenir la permission de poursuivre la relation. Ils n'ont pas demandé à leurs utilisateurs (ceux qui avaient attrapé le virus) s'ils voulaient bien recevoir toutes les semaines un message attendu, personnalisé et pertinent. Ils n'ont pas créé d'atout. Du coup, le site Web de Hotmail n'a qu'une seule façon de gagner de l'argent : par la vente de bandeaux publicitaires. Or personne ne clique dessus quand il consulte sa boîte de réception. Mettre des annonces sur Hotmail est donc un investissement très abordable… et probablement trop cher pour ce que c'est.

Il s'agit dans ce cas d'une erreur qui pèse plusieurs milliards d'Euros. Si l'entreprise avait l'autorisation de communiquer avec ces 20 millions de clients à l'aide d'un message hebdomadaire rempli de renseignements utiles et d'annonces adaptées au profil de l'utilisateur, elle parviendrait sans difficulté à vendre à un Euro par semaine chaque espace publicitaire qu'il comporte. Cela ferait un milliard d'Euros en recettes perdues qui, compte tenu des ratios couramment utilisés par les analystes financiers, se traduiraient par une capitalisation boursière faramineuse. Tout cela parce que Hotmail a négligé de solliciter la permission.

Il faut se rendre à l'évidence : il est peu probable que toutes vos idées se transforment en virus. Le développement régulier et prévisible de l'activité de l'entreprise s'accorde mal avec l'obligation d'obtenir à chaque étape de la croissance la propagation virale d'une nouvelle idée. On continue donc d'avoir besoin d'un moyen de communiquer directement et quand on le veut avec le client, de s'adresser sans filtre au marché. La publicité répondait autrefois à ce besoin. Mais quel gaspillage que de devoir verser de l'argent à une publication pour pouvoir toucher un client que l'on a déjà ! Vous avez une paire de Nike dans votre armoire, et pourtant, le fabricant est obligé de mettre une annonce pour communiquer avec vous, car il n'a ni l'autorisation, ni la capacité de vous parler directement.

Même chose pour Stevie Wonder. Vous avez acheté le disque *Innervisions* parce que vous l'aviez entendu chez un ami ou à la radio, mais certainement pas parce que vous en aviez vu l'annonce. Pourtant, quand Stevie sortira un nouvel album, l'éditeur de disques devra repartir de zéro en se servant de toute la panoplie médiatique pour vous interrompre. L'artiste et l'éditeur gaspillent un atout formidable chaque fois que vous achetez un de leurs albums. Ils ignorent tout de vous et, pis encore, ils n'ont pas la permission de vous recontacter.

Voilà donc le défi à relever : transformer le virus en atout. Et le seul moyen d'y parvenir est de demander à l'utilisateur le droit d'instaurer une relation suivie avec lui.

C'est vraisemblablement l'erreur la plus grave que commettent nos marchands d'idées virus. Ils lancent un virus – site Web, livre, disque, logiciel, aliment – dont ils récoltent les fruits tant qu'il perdure, alors qu'ils ne parviennent pas à en tirer un atout durable. En l'absence de cet atout, ils se trouvent dans l'incapacité de sortir de nouveaux produits ou d'exploiter leurs produits existants sans subir des délais longs et les coûts importants qu'impose la communication avec des utilisateurs déjà convaincus.

Le virus et la permission font équipe pour recruter des extraterrestres

Qui veut trouver des signes de vie dans l'univers n'a qu'à écouter. Cela veut dire en pratique qu'il faut se servir de super-ordinateurs pour rechercher des sons inhabituels venant de l'espace. Malheureusement, il n'existe pas de super-ordinateur suffisamment puissant pour accomplir cette tâche de notre vivant. C'est pour cette raison que SETI a construit le réseau informatique réparti le plus vaste du monde. Plus de 2 millions d'ordinateurs passent désormais leur temps libre à traiter ces grosses masses de données.

Le système fonctionne avec une souplesse ingénieuse : chaque fois que votre ordinateur est inactif, un dispositif d'économie d'écran se met en marche et le microprocesseur Pentium commence à travailler sur les informations téléchargées à partir de la Toile. Mais l'aspect le plus sympathique, c'est que les 2 millions d'ordinateurs se sont tous intégrés au réseau sans recevoir la moindre publicité ni la moindre incitation financière. SETI a tout simplement lancé une idée virus. La nouvelle a vite fait le tour de tous les fanas du monde : ils contribueraient à la recherche d'autres formes d'intelligence dans l'univers s'ils consentaient à l'intégration de leur ordinateur au réseau. C'est l'idée virus classique, propagée par quelques contaminateurs efficaces.

Mais la véritable puissance du réseau se situe ailleurs :
- nul besoin de le relancer toutes les semaines;
- il offre une persistance incroyable (une fois installé, il reste en service jusqu'au jour où l'utilisateur prend l'initiative de se déconnecter);
- le réseau a la permission de communiquer avec l'utilisateur. Cette permission est un vrai atout : mesurable, exploitable et, si on le veut, monnayable.

Reprenons donc l'enchaînement :
- on invente une idée au potentiel viral;
- on la dote des qualités de facilité et de persistance;
- on s'attire des contaminateurs efficaces ;
- on obtient leur permission d'entretenir avec eux un dialogue suivi.

L'art de créer une idée virus

Nous nous sommes largement limités jusqu'ici au côté plutôt scientifique de notre sujet : formules mathématiques, théorie des jeux, catégories d'individus et ainsi de suite. Ce sont des éléments que l'on a intérêt à maîtriser si l'on veut assurer la diffusion de son virus. D'ailleurs, mieux les entreprises comprennent la nature de cette diffusion, mieux elles choisiront les techniques adéquates. Mais c'est surtout la mise au point du virus qui s'avère problématique. Il faut inventer une idée tellement irrésistible, tellement épatante, qu'elle traverse toute la ruche à une vitesse vertigineuse, terrassant tous ceux qu'elle trouve sur son chemin. Comment expliquer que certaines idées progressent aussi vite tandis que d'autres semblent s'étioler ? Que quelques brèves années après l'échec cuisant du Newton d'Apple, le Palm Pilot ait décollé de façon tellement spectaculaire ? Si j'avais les réponses à ces questions, vous pensez bien que je ne vous les révélerais pas ! Le fait est que, à ce jour, personne n'a trouvé de formule fiable pour produire et reproduire des virus. Il y a bien des tueurs en série, mais on chercherait en vain ne serait-ce qu'un seul inventeur de virus en série. Mon espoir en début de course était d'allonger suffisamment ce chapitre pour pouvoir aborder la grande question du comment. Hélas ! je n'en sais rien. Je reconnais la réussite quand je la vois, mais tout le reste, je le crains, est affaire d'art. Cela veut dire que l'on gagne à force d'expérimenter. Et d'échouer. Il faut tester, se casser les dents, évaluer, évoluer, recommencer, persévérer. C'est un travail vieux jeu, ingrat et épuisant qui n'est pas sûr de porter ses fruits. Enfin, c'est comme ça.

Plus maléfique même que le diable ?

Le moteur de recherche Google.com est peut-être le moyen le plus efficace et le plus précis de naviguer sur Internet. Pourquoi ? Parce que, au lieu de lire tous les sites et de chercher à comprendre le contenu de chaque page, il se borne à lire les liens aux sites et à sélectionner les pages avec lesquelles un grand nombre de sites ont un lien. Non seulement cela fait remonter les pages les plus appréciées vers le haut de la liste, mais il est difficile de berner le moteur de recherche, c'est-à-dire de le pousser à répertorier votre page tout simplement parce que vous y avez mis quelques phrases accrocheuses. Si, donc, vous aviez tapé, il y a quelques mois de cela, la phrase « Plus maléfique même que le diable » dans la case de recherche de Google. com, le premier lien fourni aurait été… Microsoft.com. La plupart des autres sites proposés concernaient Bill Gates. Comment cela s'est-il produit ? Comment se fait-il qu'un tel nombre de hackers et d'autres fanas de la Toile qui construisent des sites Internet aient pu avoir un avis tellement tranché sur Bill et consorts qu'ils se seraient donné la peine de créer des liens aussi « diaboliques » avec le site de Microsoft ?

Indépendamment de la dynamique du virus lui-même, il paraît indiscutable qu'il est omniprésent, que son effacement prendra des années et qu'il coûtera très cher à Microsoft. Les détracteurs de cette entreprise, du fait qu'ils ont comblé un vide avec leur dénonciation de Microsoft comme démon tout-puissant qui écrase tout sur son chemin, ont donné des idées aux enquêteurs de la Justice américaine.

Intel ou Cisco exercent une domination semblable sur le secteur informatique, de même que McDonald's dans la restauration rapide. Il y a toute une série d'entreprises qui auraient pu pareillement attirer l'attention. Mais, à cause de ses actions et de son inaction, Microsoft avait suscité un virus, et c'est cela qui a facilité la tâche des critiques soucieux de se faire entendre des autorités antitrust. Quelle que soit la position que l'on prend sur ce dossier, une chose ne fait pas de doute : le virus négatif, relayé par les réactions de Microsoft, a influencé la décision du magistrat.

Pourquoi Digimarc va échouer

Regarder le monde à travers la lunette des idées virus aide à pronostiquer le succès ou l'échec des projets commerciaux. Considérons le cas de Digimarc, entreprise partie d'une idée fascinante : celle de créer une série de points minuscules et de les dissimuler en filigrane dans une annonce publiée dans un magazine. Le consommateur qui souhaite se rendre au site Web de l'annonceur n'a qu'à tenir le magazine devant l'objectif de la webcam reliée à son ordinateur pour que le logiciel de Digimarc lise les points et renvoie automatiquement l'utilisateur au site identifié. Il suffit alors de facturer une somme modique à l'annonceur pour que tout le monde en sorte gagnant : la publication parce qu'elle se dote d'une utilité nouvelle, l'annonceur parce qu'il établit un lien direct et puissant entre sa publicité et le consommateur, et celui-ci parce qu'il découvre sur le site des remises ou des promotions spéciales, sans même devoir s'embêter à taper une longue adresse URL.

Pourquoi donc cette innovation est-elle vouée à l'échec ? Parce que le monde entier ne contient pas assez d'argent pour permettre sa réussite, et parce que la voie express menant à l'expansion virale n'est pas non plus pour demain. Je sais bien que je m'avance beaucoup ici, d'autant que cette technologie a récemment bénéficié d'une couverture élogieuse dans plusieurs revues, dont *Wired*. Et pourtant, je persiste et signe.

Pour commencer, les contaminateurs sont peu nombreux. Les magazines partenaires de Digimarc ont certes accepté de passer des annonces pleine page pour promouvoir ce service (si cela aide leurs annonceurs, cela vaut bien la peine), mais qui d'autre va en parler ? Il n'y a pas de contaminateurs erratiques, et pour cause : personne ne peut se faire récompenser pour avoir répandu la nouvelle. Pas plus qu'il n'y a de contaminateurs efficaces, car il ne s'agit finalement pas d'une utilisation à ce point originale ou époustouflante de l'ordinateur. Ensuite, Digimarc n'offre ni remises spectaculaires, ni informations exclusives, puisque l'annonceur qui voudrait bien accorder une réduction à un utilisateur de Digimarc n'hésiterait vraisemblablement pas à en faire de même pour tout le monde, non ?

Outre ces obstacles à la propagation virale de ce service, il pèche par manque de facilité. L'utilisateur, pour découvrir déjà si cela lui plaît, doit non seulement acheter une caméra connectable à un PC (100 Euros, plus l'énervement de la mise en place), mais aussi télécharger un logiciel pour piloter le tout. Une fois le système installé, sa persistance n'est pas évidente. L'avantage qu'apporte chaque nouvelle connexion ne semble pas augmenter : l'utilisation fréquente du service ne donne pas droit à des récompenses supérieures. C'est ainsi que, à mesure que la nouveauté du gadget s'estompe, on sera de moins en moins enclin à travailler à sa propagation.

Enfin, Digimarc a oublié de se concentrer sur une seule ruche. Ses annonces passent dans une large gamme de magazines et semblent cibler les utilisateurs les plus divers. Cette dispersion extrême réduit radicalement les chances d'un essor du virus.

Parfait, rétorqueront certains, mais qu'auriez-vous fait à leur place, Monsieur je-sais-tout ? Eh bien, j'aurais abandonné ce ciblage du marché de grande consommation pour me recentrer sur une offre très verticale, très B-to-B. Une possibilité serait d'installer le système dans des ateliers de production. Ainsi, le technicien voulant consulter telle page d'un manuel n'aurait plus besoin d'interrompre son activité pour taper une adresse URL : il suffirait de tenir le manuel devant la webcam d'un PC déjà convenablement configuré. La nouvelle se répandrait vite dès lors que l'on aurait démontré l'utilité de ce système dans quelques rares usines.

Et si j'aspirais à atteindre le marché de grande consommation, j'aurais donné la priorité aux utilisateurs technologiquement les plus exigeants (comme les lecteurs de *Wired*), mais en offrant des avantages aux contaminateurs erratiques sur ce segment. Plutôt que de créer un environnement plat (chaque annonce étant directement adressée à l'utilisateur), j'aurais injecté dans mon offre un élément courrier électronique qui récompense les quelques pionniers pour avoir transmis le message à leurs amis hi-tech.

Si la direction de Digimarc évalue sa publicité au prix coûtant, elle risque de dépenser 300 Euros pour chaque utilisateur régulier acquis. Or, pour en faire une opération rentable, il faudrait, me semble-t-il, diviser ce chiffre par cent. L'affaire est loin d'être gagnée.

Qu'est-ce qui fait rire ces vaches ?

Si vous vous trouviez à Chicago pendant l'été 1999 ou à New York au mois de juin 2000, vous auriez peut-être remarqué des vaches dans la rue. En fait, des centaines. Ces énormes bovins en fibre de verre – pratiquement grandeur nature – occupaient plusieurs carrefours très passants. Chacun a coûté moins de 2 000 Euros à fabriquer, mais, vendus aux enchères à la fin de cette invasion, ils partiront pour 10 000, 30 000, voire 50 000 Euros pièce.

A quoi attribuer cette incroyable inflation des cours ? Tout d'abord au fait que les travaux de peinture avaient été confiés à des artistes locaux. Tantôt attendrissantes, tantôt fantasques, toutes les vaches ont quelque chose de frappant. Mais cela ne suffit pas à expliquer le phénomène. N'oublions pas que l'acheteur devra se contenter d'une vache d'occasion qui a passé des mois sous la pluie ou dans la pollution urbaine. En outre, les artistes, dont la qualité ne fait pas doute, ne sont pas non plus particulièrement célèbres. On pourrait même affirmer, sans crainte d'exagération, que, dans la plupart des cas, ils obtiendront des prix parmi les plus élevés de leur carrière de vente aux enchères.

Non, c'est l'amplification qui transforme une vache à 2 000 Euros en vache à 50 000 Euros. Elle n'aurait jamais atteint la célébrité si elle avait été exposée dans une galerie de Soho. Elle n'aurait été qu'une œuvre d'art parmi d'autres, pas le souvenir d'un moment particulier de l'histoire d'une métropole. Ces vaches ont fait l'objet de centaines d'articles dans la presse, mais surtout de dizaines de milliers de conversations. Il est tout bonnement impossible à deux personnes qui se promènent ensemble et qui tombent sur l'un de ces bovins en fibre de verre de ne pas en parler : ce n'est finalement pas tous les jours que l'on a l'occasion de voir une vache en pleine ville.

Comme toute création artistique digne de ce nom, ces vaches stimulent la discussion. Mais contrairement aux œuvres exposées dans les galeries, elles ont pour effet de l'amplifier, de la démultiplier. Tout simplement en se tenant là, tous les jours, tranquillement. Un peu comme des vaches. A mesure que le citadin découvre, en se promenant, des vaches à chaque fois différentes et parfois étonnantes, son répertoire d'histoires bovines s'agrandit. Il acquiert une capacité de plus en plus grande à faire des remarques intéressantes sur le sujet, du style : « Attendez ! Si cette vache-là vous a plu, vous allez certainement adorer celle que j'ai vu l'autre jour en plein centre... »

Cette histoire nous rappelle utilement que les spectacles de rue, les interventions de guérilla marketing – bref, toute interruption de la routine quotidienne – favorisent la discussion. Le jour où, à l'heure du déjeuner, Abby Hoffman et les yippies ont lancé dans l'air des billets de banque à la Bourse de New York, ils ont déclenché sur place un virus qui s'est rapidement étendu aux médias et au-delà. Grâce à cette astuce qui a bouleversé les interactions habituelles de Wall Street, ils ont eu un impact qu'ils n'auraient même pas égalé en dépensant cinq fois plus pour passer une annonce.

Mais, si des irruptions de ce type se prêtent à l'amplification, elles ne vont guère dans le sens de la persistance. Dès lors que l'on interrompt de façon répétée une routine, celle-ci cesse d'être une routine... et ce sont les interruptions qui le deviennent. Imaginez que les vaches soient restées des années durant aux carrefours : on s'en serait vite lassé. De même, si Abby Hoffman s'était avisé de faire voleter tous les jours des dollars, les passants auraient fini par ne plus réagir.

C'est pour cette raison que les praticiens du guérilla marketing et de l'Interruption Marketing doivent viser une cible mouvante : on ne peut se contenter de resservir les bonne recettes d'hier, car elles ne donneront jamais un résultat meilleur demain.

Ne buvez jamais en solitaire

Les producteurs de boissons alcoolisées ont deux avantages spectaculaires sur la plupart des entreprises : les marges bénéficiaires sont d'emblée fabuleuses, et la consommation de ces boissons est tellement liée à la sociabilité qu'elle offre le terrain idéal pour la propagation des idées virus. Sauf que voilà : cette plate-forme naturelle encourage la paresse des producteurs, qui se bornent le plus souvent à acheter un nombre invraisemblable d'événements typiques de l'Interruption Marketing : panneaux d'affichage, annonces dans la presse et supports publicitaires sur les points de vente. Bien sûr, cela marche parfois : n'oublions pas que, malgré le peu de différence réelle entre les marques de vodka, il y a beaucoup de consommateurs qui n'hésitent pas à payer le double pour avoir Absolut. Fait encore plus significatif, nombre de buveurs de bière affirment avec conviction leur préférence, qui pour St. Pauli Girl, qui pour Becks Light, alors que l'un et l'autre breuvage sortent de la même brasserie de Hambourg.

Et pourtant, les budgets publicitaires consacrés aux boissons alcoolisées se résument pour l'essentiel à un gigantesque gaspillage. L'an dernier, les annonceurs de ce secteur ont déboursé plus d'un milliard d'Euros pour vanter la supériorité de leurs produits, mais vous êtes probablement incapable de citer de but en blanc les vingt marques ayant le plus dépensé. Ils feraient mieux de recentrer leurs efforts sur la publicité auprès de vos amis et pas auprès de vous, d'investir dans le développement de virus qui favorisent, au sein de votre cercle d'amis, la discussion d'une marque et, éventuellement, le désir d'y goûter ou, du moins, d'admirer celui qui s'y décide.

L'un de mes exemples préférés est dû, semble-t-il, à Bob Dorf, génie du marketing. On me dit que, lorsqu'il travaillait encore dans les relations publiques, il fut engagé par Galliano pour transformer sa liqueur pratiquement inconnue en mode d'envergure nationale. Bob Dorf ne tarda pas à comprendre qu'il ne disposerait jamais d'un budget suffisant pour recouvrir les Etats-Unis de panneaux publicitaires incitant à boire du Galliano. Il décida donc de suivre une tout autre voie en s'inspirant d'une invention d'un barman californien pour lancer le Harvey Wallbanger. Il s'agissait d'une sorte de figure de bande dessinée, à vrai dire assez primaire, mais aussi, bien sûr, d'un cocktail demandant une bonne rasade de liqueur Galliano. Ensuite, Bob Dorf se mit à renseigner la jeunesse des années soixante-dix, depuis peu imprégnée des valeurs de la contre-culture, sur les plaisirs de ce nouveau mélange accompagné d'une BD sympathique. Il fit imprimer des T-shirts, détailla la recette aux barmans et alla même jusqu'à envoyer des agents dans des tavernes branchées pour commander (bruyamment) le Harvey Wallbanger.

Le résultat fut une idée virus. Le contaminateur efficace un peu aventureux qui commandait cette boisson devait s'arrêter pour en expliquer la composition à ses compagnons de beuverie, qui transmettaient ensuite la nouvelle à la ruche, et c'est ainsi que le virus se propagea. Celui-ci ne se montra pas spécialement persistant (on m'a d'ailleurs confié que le Harvey Wallbanger ne cassait pas trois pattes à un canard), mais il compensait ce défaut par sa grande facilité de diffusion. Dès que l'on entendait parler de cette boisson au bar, il suffisait de se tourner vers le barman et de la commander. Grâce à sa vélocité, le virus avait rempli son contrat : la liqueur Galliano était désormais visible à l'écran radar de la mode.

La force de la parodie

La suite de *Mission Impossible*, sortie en été, a démarré en trombe. Les cinéphiles parlaient beaucoup de la bande annonce et, surtout, ils conseillaient le film à leurs amis quand ils l'avaient vu. Mais comment les inciter à y retourner une deuxième, troisième ou quatrième fois ? Comment conquérir la ruche des adolescents désœuvrés et néanmoins amateurs des médias, qui ne demandaient pas mieux qu'une nouvelle raison pour dépenser leur argent ? Surtout, comment rappeler au public, sans vider sa tirelire, que le film passait toujours et qu'il méritait bien d'être revu ?

La solution adoptée a été de lancer une parodie du film. *Mission Imp* est une vidéo de cinq minutes, disponible sur Internet, qui a vocation à se diffuser de façon virale. Elle a à son actif des acteurs hollywoodiens presque célèbres, une qualité de réalisation au-dessus de la moyenne (pour un virus sur la Toile) et surtout une case portant l'inscription « Envoyer à un ami ». Malheureusement, la parodie n'est pas très drôle. De ce fait, et en dépit d'une idée de départ prometteuse, elle s'est révélée moins virulente qu'elle n'aurait été si elle avait été faite par un studio ayant moins la hantise d'offusquer Tom Cruise. Mais même ainsi, elle laisse entrevoir un moyen astucieux et agressif de lancer un virus et d'entretenir l'actualité d'un produit.

Piqûres d'abeilles et rougeole

Une amie partie en canoë pour explorer les lacs de l'Ontario a eu un jour le rare bonheur de repérer des cabinets en bois sur une île déserte. Sautant sur l'occasion de se soulager sans devoir creuser un trou dans la terre, elle a débarqué et s'est précipitée à l'intérieur. Malheureusement, les W.-C. rustiques abritaient une ruche (au sens propre du terme) dont les habitants se sont empressés d'infliger une quarantaine de piqûres à mon amie. A l'issue du long et douloureux trajet de retour au camping, elle s'est rendue chez un médecin. Bilan de l'expérience : une souffrance certes de courte durée, mais aussi une sensibilité accrue aux piqûres d'abeilles, avec le risque de réactions allergiques à l'avenir.

Pas grand-chose à voir avec le rituel enfantin de la rougeole : on l'attrape, on supporte pendant une semaine la fièvre et les taches rouges, puis le chapitre est clos. On n'aura plus jamais cette maladie, on est immunisé. Le contact avec un poison envahissant provoque dans un cas une nouvelle fragilité et dans l'autre l'immunité.

Une idée virus peut partir dans un sens comme dans l'autre. Certes, l'avantage du vide demeure un principe de base : un virus connaîtra une diffusion plus rapide et plus étendue s'il n'a pas eu de prédécesseur. La stratégie qui consiste à emboîter le pas à un leader confirmé pourrait conserver une certaine validité dans la vieille économie (que l'on pense à Schick dans le domaine des rasoirs ou à Burger King dans la restauration rapide), mais elle n'est clairement pas adaptée à la nouvelle.

Il existe cependant un cas de figure très intéressant qui s'écarte de la règle : le marché se montre quelquefois plus ouvert aux idées virus après avoir été sensibilisé une première fois. Ainsi, l'échec du Newton a éveillé l'intérêt des contaminateurs et des utilisateurs d'avant-garde pour le concept de l'agenda électronique de poche et donc préparé le succès futur du Palm Pilot. De même, le deuxième restaurant thaï à ouvrir ses portes dans une ville a plus de chances d'être rentable que son précurseur. Ou encore, Michael Jordan est loin d'être le premier héros dans l'histoire du basket américain, mais le désir populaire d'en avoir un, qui se nourrissait de l'exemple de joueurs hors pair comme Wilt Chamberlain ou Larry Bird, lui a offert une occasion en or de remplir cette fonction devenue nécessaire.

De simples évidences ?

L'un des problèmes que j'ai dû affronter en écrivant *Permission Marketing*, puis le présent ouvrage, est que les idées exposées semblent en grande partie relever de l'évidence. Qu'une entreprise ait plus de chances de vendre en s'adressant à ceux qui ont déjà envie d'acheter qu'en dérangeant ceux qui la détestent n'est effectivement une révélation pour personne. Que le bouche à oreille marche mieux que la publicité, nul ne le conteste. Que le gagnant remporte toute la mise dans l'univers d'Internet, cela tombe sous le sens…

Or c'est justement parce ce que l'on a affaire à des évidences qu'il faut leur consacrer des écrits. Les définir. Les décortiquer. Car celui qui est convaincu de ne plus devoir réfléchir à un problème risque de retomber dans des habitudes centenaires qui incitent à travailler de la façon la plus… évidente (c'est-à-dire coûteuse mais facile).

Et d'ailleurs, si le marketing viral paraît si logique à tout le monde, comment se fait-il qu'eToys ait besoin de lever 100 millions d'Euros en capital risque pour financer sa publicité à l'ancienne ? Que les chaînes de télévision viennent de battre tous les records annuels en matière de recettes publicitaires ? Que tant d'entreprises par ailleurs si intelligentes se montrent soudain si ineptes quand elles se trouvent face à une occasion comme Planetfeedback.com ?

La réponse est que, pour s'approprier les méthodes du marketing viral, il faut en même temps accepter de s'écarter de la norme… alors que bon nombre des dirigeants d'aujourd'hui ont gravi les échelons en la respectant, pas en la remettant en cause.

Il est beaucoup plus facile de gagner l'assentiment des bailleurs de fonds en leur présentant un plan qui destine 30 millions ou 60 millions d'Euros à la publicité traditionnelle qu'en leur proposant un budget de 3 millions seulement mais construit sur des méthodes de lancement plus fines et moins banales. Il est beaucoup plus facile de continuer à piloter le service du marketing d'une grosse entreprise sur la base des techniques autoritaires d'interruption ayant assuré sa réussite passée que de partager le pouvoir avec le client. Et il est bien plus difficile de centrer ses efforts de recherche-développement sur la mise au point d'idées virus que de se contenter, comme d'habitude, de petites améliorations successives.

Même les spécialistes du marketing ont leurs héros. Pendant que d'autres jeunes cherchaient leur inspiration du côté des grands sportifs, les futurs praticiens de ce métier rêvaient de créer le spot ou de lancer la marque dont tout le monde parlerait un jour. Ils prenaient pour modèles les créateurs de Coca-Cola, de Nike ou de *la Guerre des étoiles*. L'ennui, c'est que tous ces héros avaient rencontré le succès dans un monde où régnaient la production industrielle et l'Interruption Marketing.

Le monde d'aujourd'hui a un tout autre visage. Dans le domaine d'Internet, toutes les percées ou presque réalisées sur le marché de grande consommation peuvent être attribuées au marketing, *et son aspect le plus efficace a trait à la diffusion virale*. Hotmail, Yahoo !, eBay, Amazon.com, GeoCities, Broadcast.com, Google, tous doivent leur réussite au lancement et à la propagation d'une idée virus.

Pour résumer : oui, les principes qui sous-tendent le marketing viral sont bien évidents. Les mettre en pratique, se dresser contre la norme et gagner son pari ne l'est pas du tout.

Le pire ennemi de votre entreprise

L'un d'eux travaille peut-être dans votre bureau. Sûrement sous-payé, il n'est probablement pas très respecté non plus.

Je parle du personnel de votre service client. Avouez-le : vous et la plupart de vos collègues seriez ravis de ne plus jamais avoir de nouvelles de ces gens-là. Leur tâche consiste à faire disparaître les clients enragés… mais avec discrétion. Autrefois, elle était relativement simple. Peu de consommateurs se donnaient la peine de rechercher votre adresse, d'écrire une lettre et de la glisser dans une enveloppe affranchie par leurs soins. Par ailleurs, il suffisait de leur renvoyer un bon d'achat d'une valeur modique pour avoir la paix.

Ce temps est révolu. Grâce à Planetfeedback.com, le client mécontent peut désormais vous retrouver sans difficulté. Et faire parvenir une copie de sa réclamation à son élu, aux pouvoirs publics compétents ou à une dizaine d'amis. Le bouche à oreille numériquement amplifié lui permet de laisser sur Internet une trace… qui durera des siècles ! Dans le cyberespace, il n'y a pas prescription.

Voici, par exemple, quelques-uns des quatre-vingt-dix commentaires émis sur une certaine entreprise qui compte parmis les pires fournisseurs de services ADSL en Amérique :

Ne faites pas cette erreur !
Cette entreprise est entre les mains d'une bande de charlots, encore que cela serait faire injure au vrai Charlot. Leur assistance technique est en dessous de tout, leur service client est bidon, leurs techniciens ne servent à rien. Impossible d'avoir un interlocuteur réel par le service client. J'ai envoyé plus de sept messages et reçu une seule réponse. Cela m'a poussé à mettre fin à mon abonnement, et ils ont eu le culot de me facturer une pénalité de 150 dollars pour résiliation avant terme. Inqualifiable.

De vrais escrocs
Ils ont eu mon versement initial de 100 dollars (en octobre dernier !), ils n'ont rien mis en service, mais ils refusent de me rembourser (ils nient avoir trace de mon paiement). Leur « service client » a recours à une large gamme de mensonges pour vous faire marcher. ÉVITEZ CES PRÉDATEURS ! ! !

Ce fournisseur fait peut-être un travail de grande qualité, sauf que le lecteur de ces réactions ne le devinerait pas. Ma question est donc la suivante : combien d'annonces pleine page le service du marketing devra-t-il financer pour pouvoir contrecarrer le mal que ces opinions publiquement affichées feront à leur marque pendant les années à venir ?

Rien à voir avec ces remarques sur Worldspy.com :

> **Le meilleur rapport qualité-prix**
> Après un passage chez AltaVista, j'avais plus ou moins fait une croix sur l'idée d'un fournisseur d'accès gratuit qui soit un tant soit peu utilisable. C'est alors que je suis tombé sur WorldSpy. [...] Je n'ai encore jamais eu de signal d'occupé avec WorldSpy, et j'obtiens constamment des connexions à 52Kbit/s et même au-delà. Je n'ai jamais été déconnecté, et l'absence totale de bandeaux publicitaires qui empêchent de voir tout l'écran est un atout formidable.
>
> **Impeccable jusqu'ici**
> Merci à tous ceux qui m'ont aidé à trouver ce service grâce à leurs remarques. J'imagine que la tentation est grande de vouloir garder pour soi-même et quelques autres initiés un service d'aussi bonne qualité. En tout cas, j'y ai pensé avant d'écrire ces lignes ! Mais je me suis dit finalement que, comme j'avais bénéficié des conseils d'autres utilisateurs, je me devais aussi de partager mes expériences. Cela fait plusieurs semaines que j'utilise WorldSpy, et j'en suis très satisfait.

On ne saurait certes pousser trop loin cette comparaison, WorldSpy étant un service gratuit. Mais il n'en demeure pas moins que les deux cent quatre-vingt-dix personnes qui ont affiché des avis élogieux sur ce fournisseur sont en train de répandre la bonne nouvelle. (Notons cependant que WorldSpy vient de couler. Une idée virus ne sauvera jamais une entreprise qui ne sait pas par ailleurs se maintenir à flot.) Enfin, regardons les opinions affichées sur Big Planet. Elles dépassent le millier, mais il s'avère que bon nombre d'entre elles sont le fait d'abonnés qui cherchent à gagner la récompense accordée pour le recrutement de nouveaux utilisateurs.

Voilà donc le profil de trois fournisseurs d'accès aux méthodes différentes. Le premier court à l'échec, apparemment parce qu'il refuse de consacrer le temps, l'argent ou les moyens de formation nécessaires à la bonne communication avec sa clientèle. Le deuxième est parti d'un modèle très différent (la gratuité) qu'il appuie sur une qualité irréprochable de service et de fonctionnement. Le troisième s'attache à payer les contaminateurs erratiques pour lui attirer des clients.

Et votre entreprise ? Dans quelle voie est-elle engagée ?

Plutôt que d'affecter vos collaborateurs les moins dynamiques au service de la clientèle, pourquoi ne pas y placer les meilleurs ? Au lieu de solliciter des rapports rassurants sur les éclats de colère qu'ils ont su désarmer, pourquoi ne pas les inciter à raconter la joie et le plaisir qu'ils parviennent à injecter dans l'expérience du client ?

American Express, société par ailleurs connue pour l'excellence et la rigueur quantitative de son marketing, a pratiquement tout faux dans ce domaine. Chaque courrier envoyé, chaque coup de téléphone passé à un client, ne répond qu'à un seul et unique objectif : la compression des coûts, pas le renforcement de la relation et du plaisir qu'elle pourrait apporter. Il faut toutefois regarder la situation en face : les contaminateurs disposent aujourd'hui d'une telle puissance d'amplification que de plus en plus d'entreprises, sur Internet ou ailleurs, devront l'utiliser comme une arme, sous peine d'en être les victimes.

Tactique de l'idée virus, pas à pas

1. Dotez votre idée d'un potentiel viral.

Personne ne parlera d'une idée qui ne mérite pas que l'on en parle.

2. Repérez la bonne ruche.

Vous ne tirerez pleinement parti de votre idée virus que si vous dominez votre ruche.

3. Présentez l'idée.

Présentez-la aux personnes justes et faites le nécessaire pour les plonger dedans le plus vite possible. Rémunérez-les s'il le faut, surtout au départ. Si vous pouvez l'éviter, ne facturez jamais le simple fait de les exposer à votre idée.

4. Réfléchissez au discours que les contaminateurs doivent répandre.

Il faut déterminer les propos que les contaminateurs auront à tenir face au reste de la population. Sinon, ils décideront à votre place, auquel cas leurs remarques risquent de ne pas donner le résultat visé. Ou pis encore, ils ne prendront même pas la peine de s'en occuper.

5. Fournissez aux contaminateurs les outils dont ils ont besoin pour propager le virus.

Une fois que vous avez attiré un contaminateur efficace, il faut lui faciliter la tâche de la propagation. Donnez-lui le moyen d'y parvenir grâce à un seul clic. Laissez-le adhérer au programme d'affiliation en une minute ou moins. Récompensez les utilisateurs qu'il recrute afin de déculpabiliser sa participation au recrutement.

6. Sollicitez la permission du consommateur dès qu'il a accepté de prêter attention.

Le but de la manœuvre est de profiter du virus pour attirer l'attention, puis de mettre en place une chaîne de communication plus solide et plus durable qui permet de lancer des améliorations ou de nouveaux virus avec une rapidité et une efficacité redoublées, opérations que, désormais, vous maîtriserez du début à la fin.

7. Epatez votre audience pour qu'elle renforce le virus et qu'elle assure sa diffusion ultérieure.

Comment se fait-il que certains virus s'éteignent plus vite que d'autres ? Le plus souvent, c'est que les responsables du marketing oublient, dans leur cupidité, qu'un virus éphémère marque non pas la ligne d'arrivée, mais seulement la ligne de départ de tout le proces-

sus. Soigner ceux qui accordent leur attention, c'est construire un virus durable qui s'entretient de lui-même et dont tout le monde profite.

8. Reconnaissez que peu de virus sont éternels ; mettez-vous en phase avec le cycle de vie du vôtre.

La comédie musicale Cats *a connu un succès fabuleux, mais même les spectacles les plus réussis ne peuvent rester indéfiniment à l'affiche. Dès lors que l'on comprend que les exigences du virus évoluent avec le temps (de même que les avantages à en tirer), on peut moduler le budget de manière à pouvoir faire face aux temps forts.*

L'avenir de l'idée virus : que se passe-t-il quand tout le monde s'y met ?

L'Interruption Marketing (bref, ce que l'on voit à la télévision) est voué à l'échec, car chaque nouvel entrant a davantage intérêt à exacerber la saturation du marché qu'à s'efforcer d'augmenter l'utilité du véhicule en question pour tous les autres. C'est le syndrome classique de la pollution des fleuves : du moment qu'une seule grosse usine s'y met, plus aucun industriel n'a de motif pour s'en abstenir.

Le Permission Marketing présente, en revanche, l'avantage de se limiter de lui-même. Dès que les consommateurs n'en veulent plus, ils cessent d'accorder leur permission, ce qui nous épargne la crise de l'encombrement. Certaines entreprises s'obstineront, bien sûr, à tricher en inondant le monde de *spam*, en empiétant sur la vie privée du consommateur ou en se livrant au trafic douteux des mailings. Cependant, la pression sociale, relayée par une réglementation sommaire mais judicieuse, devrait leur barrer le chemin.

Et les idées virus dans tout cela ? Lorsque la profession du marketing se rendra enfin compte de leur efficacité, le consommateur ne se trouvera-t-il pas submergé d'offres l'incitant à jouer les contaminateurs, de services gratuits dans tous les domaines imaginables ?

Et comment ! Plusieurs tendances se dessinent déjà à mes yeux :

1. La victoire appartiendra à ceux qui prennent les devants. A l'instar de Frank Zappa et de David Bowie, qui ont donné un coup de fouet à leur carrière grâce à leur conversion précoce aux disques laser, certaines entreprises sauront combler des vides et en récolter les fruits pendant des années. Les retardataires, eux, auront un handicap considérable.
2. La propagation des virus coûtera de plus en plus cher. On assistera à une inflation des récompenses proposées aux contaminateurs, conséquence inévitable d'une demande en pleine explosion.
3. Les avantages du rôle de contaminateur efficace seront de plus en plus évidents. Tout le monde aspirera à devenir comme Esther Dyson ou Walter Cronkite, puisque l'on peut exploiter un prestige aussi authentique pendant de longues années. Les campagnes lancées par les entreprises auront donc tendance à faire place aux efforts d'individus (des électrons libres) ayant compris tout l'intérêt qu'ils auraient à disséminer leur propre virus (le présent manifeste incarne d'ailleurs cette méthode).
4. La transition sera une période de bruit, de confusion et d'encombrement où peu de joueurs connaîtront un triomphe spectaculaire mais où pas mal d'entreprises parviendront à dominer une ruche, sans forcément obtenir le fameux basculement. Et la suite ? Une fois que les différents véhicules auront retrouvé un semblant de tranquillité, un nouvel équilibre fera jour. Espérons que, à partir de là, les meilleurs gagneront.

Bon courage, et tenez-moi au courant de votre expérience !

Sethgodin@ideavirus.com

Remerciements

D'abord un peu de contamination professionnelle (vous pourrez également trouver tous ces liens sur www.ideavirus.com) :

1. Si jamais vous avez la chance de décrocher Red Maxwell comme graphiste, saisissez-la. Il a un talent extraordinaire et, encore mieux, c'est un gestionnaire de projet génial tout en étant un ami formidable. Vous pouvez le joindre sur red@designfactory-net.com.
2. L'une des meilleures façons de démarrer et de répandre une idée virus est de faire en sorte que votre entreprise consacre un livre à ce sujet. De tous les supports disponibles, le livre demeure le moyen le plus puissant de faire comprendre votre idée aux contaminateurs efficaces et de les convaincre de la propager. Lisa DiMona, Karen Watts et Robin Dellabough (robinlark@mindspring.com), de Lark Productions, sont parmi les meilleurs que j'aie trouvés pour transformer les idées en livres.
3. Si vous n'avez pas encore lu *Fast Company*, il est inutile de céder à la panique : vous pouvez rattraper votre retard sur www.fastcompany.com. Vous n'y rencontrerez ni le baratin, ni la superficialité qui sont de règle ailleurs.
4. *The Tipping Point*, de Malcolm Gladwell, changera radicalement votre façon de penser, et il faut s'en féliciter. Vous le trouverez, ainsi que ses autres écrits, sur www.gladwell.com.
5. Beaucoup n'ont pas suivi les ouvrages de Tom Peters publiés après son premier grand succès. N'hésitez pas ! Quant à moi, je relis ses textes aussi souvent que possible. A consulter sur www.tompeters.com.

6. Je vous conseille également quatre autres penseurs incontournables :
   - Chris Meyer, co-auteur du *Paradigme du flou*, entre autres ouvrages, qui commence, en dépit de ses dénégations, à copier ma coiffure ;
   - Jay Levinson, le grand philosophe du marketing dont les livres sont à lire et à relire ;
   - enfin, Don Peppers et Martha Rogers, qui continuent à me devancer (ainsi que tout le monde) dans leur aptitude à déconstruire et à reconstruire notre vision même du marketing.
7. Les gens de chez Peanut Press sont géniaux. Si vous avez un Palm, pointez votre navigateur sur www.peanutpress.com et achetez quelques livres à ce propos. Merci, Mike !

Je tiens par ailleurs à remercier Susan Greenspan Cohen, Bob Dorf, Louise Wannier, Alison Heisler et la merveilleuse équipe de *Fast Company* (surtout l'incroyable Alan Webber) pour leurs avis, leurs intuitions et leurs encouragements tandis que je peinais à rédiger ce manifeste. Merci aussi à Lester Wunderman, modèle et ami.

Jerry Colonna, Fred Wilson, Bob Greene, Tom Cohen, Seth Goldstein et leurs amis, associés et collaborateurs chez Flatiron Partners ont eu la générosité de me fournir la plate-forme et le laboratoire qui m'ont permis d'expérimenter une grande partie de ces nouvelles réflexions. Ils me maintiennent indubitablement en état de vigilance et sont assez gentils pour regarder mes séances interminables de projection de diapos[1]. Pour incroyable que cela puisse paraître, Steve Kane et Stu Roseman sont sur le point de se lancer dans ce maelström. C'est avec une grande impatience que j'attends la suite.

Merci à Don Epstein et à David Evenchick de chez Greater Talent Network, à New York, pour avoir cru en moi et tenu leur promesse de me faire travailler.

1. Fred Wilson et Tom Cohen méritent cependant une reconnaissance particulière. Sans eux, mon entreprise Internet n'aurait jamais prospéré et vous ne seriez pas non plus en train de lire ce livre.

Depuis un an, deux personnes font tout ce qu'il est possible de faire pour me permettre de garder le sens des proportions : Lisa Gansky et mon père.

Et, bien sûr, la véritable joie de ma vie me vient, comme toujours, de ma femme Hélène et de nos petits entrepreneurs, Alex et Max.

Composé par InfoPrint/EdiTec

Achevé d'imprimer sur les presses de l'imprimerie de l'Indépendant
53200 - Château-Gontier - N° d'impression : 010851

Imprimé en France